Germaine Tillion, née en 1907, travaille comme ethnologue dans le Sud algérien entre 1934 et 1940. Rentrée en France au moment de la débâcle, elle s'engage immédiatement dans la Résistance. Arrêtée en 1942, déportée, elle ne sortira de Ravensbrück qu'en avril 1945, lors de la libération du camp. Elle a poursuivi une vie d'étude et de combat. Elle est décédée en 2008.

Le Harem et les Cousins
*Seuil, 1966*
*et « Points Essais », n° 141, 1982*

Ravensbrück
*Seuil, 1973*
*et « Points Histoire », n° 237, 1988, 1997*

La Traversée du mal
Entretiens avec Jean Lacouture
*Arléa, 1997, 2000*
*et « Arléa poche », n° 66, 2000*

L'Afrique bascule vers l'avenir
*Minuit, 1959*
*nouvelle édition, Tirésias, 1999*

Il était une fois l'ethnographie
*Seuil, 2000*
*et « Points Essais », n° 513, 2004*

L'Algérie aurésienne
*La Martinière, 2001*

À la recherche du vrai et du juste
À propos rompus avec le siècle
*(textes réunis par Tzvetan Todorov)*
*Seuil, 2001*

Les Ennemis complémentaires : guerre d'Algérie
*Tirésias, 2005*

*Fragments de vie*
*(textes rassemblés et présentés par Tzvetan Todorov)*
*Seuil, 2009*
*et « Points Essais », 2013*

L'Enfant de la rue et la dame du siècle
Entretiens inédits avec Michel Reynaud
*Tirésias, 2010*

Germaine Tillon

# UNE OPÉRETTE
# À RAVENSBRÜCK

## Le Verfügbar aux enfers

*Éditions de La Martinière*

Cette édition réunit des fac-similés du manuscrit,
rédigé par Germaine Tillion, du *Verfügbar aux Enfers*…

Présentation de Tzvetan Todorov et de Claire Andrieu,
professeur des Universités en histoire contemporaine
à l'Institut d'études politiques de Paris.

Annotation d'Anise Postel-Vinay,
camarade de déportation de Germaine Tillion à Ravensbrück.

Références musicales de Nelly Forget
Tous les quatre font partie de l'association Germaine Tillion.

Ouvrage publié à l'initiative de Roseline de Ayala et avec sa collaboration.

ISBN 978-2-7578-0629-6
(ISBN 2-7324-3281-4, 1ʳᵉ publication)

# Avant-propos

Voici l'un des textes les plus singuliers parmi ceux qui proviennent des camps de concentration nazis. La littérature issue des camps est vaste, mais, dans la grande majorité des cas et pour des raisons qui vont de soi, elle a été composée par les anciens déportés une fois qu'ils ont recouvré la liberté. À l'intérieur même des camps, quelques rares détenus sont parvenus à rédiger de brèves notes devant servir d'aide-mémoire. Quelques-uns, plus rares encore, ont écrit de courts poèmes lyriques, le tragique de la situation déterminant le ton de leurs textes. Or, *Le Verfügbar aux Enfers,* œuvre rédigée en octobre 1944 dans l'un des pires camps qui soit, celui de Ravensbrück, tout en décrivant fidèlement les conditions de vie des détenues, prend une forme insolite : c'est une opérette où les dialogues cocasses sont entrecoupés de danses et de chansonnettes, calquées sur des mélodies que tout le monde à cette époque sait fredonner – chansons populaires, airs d'opéra ou marches militaires… Rires et larmes, fantaisie et analyse fouillée se trouvent ici inextricablement mêlés.

Si l'œuvre est unique, c'est que son auteur l'était déjà à cette époque – ce qu'a confirmé sa longue carrière postérieure. Germaine Tillion, née en 1907, a travaillé comme ethnologue dans le Sud algérien entre 1934 et 1940 ; à peine rentrée en France, elle assiste à la débâcle, puis à l'armistice. Dès juin 1940, elle s'engage dans la Résistance ; arrêtée en 1942, elle est déportée en octobre 1943 à Ravensbrück. L'ethnologue profite de sa distance par rapport à la société qu'elle étudie pour mieux la comprendre, et se sert de ce savoir sur les autres pour se voir elle-même comme du dehors. Enfermée dans le camp, Germaine Tillion s'efforce d'observer et de comprendre cette étrange nouvelle société fabriquée par les nazis. Convaincue que la lucidité est une arme contre la barbarie, et affectée au plus profond d'elle-même par les souffrances qui l'entourent, elle entreprend d'aider ses camarades en leur offrant ce tableau à la fois précis et distancié de leur existence, qui leur permettra de la voir à leur tour comme du dehors, de mieux comprendre ses raisons et ses conséquences, d'en rire plutôt que de seulement s'en plaindre. Germaine Tillion est exceptionnelle à un double titre : parce qu'elle conduit d'un même mouvement le travail de connaissance et l'action militante, et parce qu'elle est à la fois passionnément engagée dans un combat – et capable de rire d'elle-même. Personne en France, au XX$^e$ siècle, n'a su faire mieux.

L'œuvre atteindra son but. Cachée au fond d'une caisse d'emballage pendant que ses camarades de commando travaillent au déchargement des trains, Germaine Tillion enchaîne les vers de sa revue ; le soir venu, dans les baraques étouffantes, elle récite à la joie générale les scènes désopilantes dans lesquelles un naturaliste décrit l'étrange espèce des *Verfügbar,* les détenues qui essaient d'échapper aux corvées du jour. Que cette langue riche, imprégnée de souvenirs de la culture classique, puisse revivre au camp est déjà une victoire sur la brutalité environnante ; que leurs mésaventures, devenues soudain intelligibles, se trouvent métamorphosées en épisodes à la fois effrayants et dérisoires permet à ces femmes de ne pas céder au désespoir.

Les conditions du camp se détériorent et Germaine Tillion ne parvient pas à terminer son opérette. En avril 1945, les portes de Ravensbrück s'entrouvrent, elle-même et quelques autres survivantes peuvent partir. C'est une amie, Jacqueline d'Alincourt, qui sort en cachette le petit livre écrit à la main, avant de le remettre à Germaine Tillion. Celle-ci, à son habitude, le met de côté sans chercher à en tirer la moindre gloire : le texte a déjà rempli le rôle auquel elle le destinait. Elle s'en souvient au moment où elle rédige son grand ouvrage-enquête, *Ravensbrück* ; dans la troisième édition (1988), elle en cite plusieurs extraits. Aujourd'hui, le lecteur peut lire sa transcription complète, accompagnée d'une reproduction photographique.

Le texte est précédé d'une introduction historique due à Claire Andrieu et accompagné de notes explicatives, rédigées par Anise Postel-Vinay, camarade de déportation de Germaine Tillion ; la note de conclusion lui est également due. Les sources musicales des airs chantés ont été identifiées (pour la plupart d'entre elles) par Nelly Forget ; ces airs sont marqués dans le texte d'un astérisque qui renvoie à une liste en fin d'ouvrage. Un dessin a également été joint, provenant de Ravensbrück et dû à France Audoul (p. 34). Quelques légères modifications ont été opérées dans le texte afin de le rendre conforme aux règles courantes d'ortho-graphe et de grammaire.

Germaine Tillion elle-même a constamment guidé ce travail de ses conseils.

TZVETAN TODOROV

# Introduction

« *Nous arrivâmes à Ravensbrück un dimanche soir de la fin d'octobre 1943. En quelques heures, nous eûmes la révélation brutale du camp, du bagne, nous connûmes les expériences de vivisection sur des jeunes filles, nous vîmes ces jeunes filles elles-mêmes et leurs pauvres jambes martyrisées ; les histoires de transports noirs, d'exécutions isolées, de massacres en série, les malades achevées, les chiens, les coups, les chambres à gaz... Et tout cela se présentant à nous simultanément, par vision directe ou par témoignages innombrables, irréfutables. [...]*

« *Dans le même block que nous logeaient des Tchèques qui revenaient d'Auschwitz et qui, à voix basse, racontaient les horreurs qu'elles avaient vues, l'anéantissement systématique des juifs par les gaz, les cadavres brûlés, les montagnes de cendres humaines ; et avec elles, il y avait aussi quelques juives qui attendaient leur départ pour Auschwitz, connaissant leur destin.*

« *Mais avant même toute explication, toute précision, une réalité nous avait assaillies de toutes parts : c'était l'état d'effroyable déchéance de la majorité des prisonnières, hâves, déguenillées, squelettiques, couvertes de plaies suppurantes, de gales*

11

*infectées, et le regard complètement atone, mort. Nous étions encore des êtres humains, avec des bases de comparaison pour mesurer cet abîme de misère, dans lequel nous allions évidemment sombrer[1]. »*

Écrivant ces lignes en 1946, Germaine Tillion montre le choc traumatique de l'arrivée dans cet « autre monde[2] » que constitue l'univers concentrationnaire. Ses mémoires d'outre-monde, elle les a livrées en trois ouvrages successifs parus en 1946, 1973 et 1988, chacun marquant un progrès dans la connaissance, du fait des procès d'après-guerre et des ouvertures d'archives. Mais dès son ouvrage originel, en 1946, la mémorialiste démonte les bases du système concentrationnaire. L'auteur fait partie de ces témoins qui, dans la tourmente même de l'événement, l'objectivent et l'historicisent sur-le-champ. Posant un regard scientifique sur l'expérience qu'elle est en train de vivre, elle acquiert une mémoire critique, déjà histoire, d'une qualité rare.

Déjà, elle classe, distingue les catégories de détenues, leurs statuts, leurs nationalités, leurs appartenances sociales. Elle note les proportions, remarque les différents taux de survie et cherche des explications. Dès sa libération, par recoupements et déductions, elle estime à « 8 000 à 9 000 » le nombre de Françaises enregistrées à Ravensbrück. On sait maintenant que plus de 8 850 femmes ont été déportées de France par

1. Germaine Tillion, « À la recherche de la vérité », in *Ravensbrück*, Les Cahiers du Rhône, série bleue, n° 20, décembre 1946, pp. 14-15.
2. Germaine Tillion, *Ravensbrück*, Paris, Seuil, 1973, p. 231, et 1988, réédité en Points Seuil, 1997, p. 303.

mesure de répression, cette dernière expression désignant les déportations autres que « raciales ». Au moins 6 600 de ces femmes sont passées par Ravensbrück. Leur taux de survie s'établit à environ 75 %[1]. Sachant que la grande majorité d'entre elles est arrivée au camp en 1944, près d'un quart a donc disparu en un an. Ce qui donne à ces femmes en pleine force de l'âge une espérance de vie théorique de quatre ans. Au camp même, par ses simples observations, Germaine Tillion estime la longévité de ses camarades à trois ans[2]. Par ailleurs, elle note que toutes les Françaises détenues ne sont pas des résistantes, bien que toutes se voient attribuer le triangle rouge des « politiques ». En 1946, elle estime à « un bon tiers », la proportion de « droits communs » : « prostituées ayant contaminé des soldats allemands, femmes de ménage travaillant pour eux et arrêtées pour vol, indicatrices de police ayant trafiqué un peu trop, ouvrières venues volontairement en Allemagne travailler dans des usines et ayant enfreint un règlement, etc »[3]. Cependant, avec environ 70 % de résistantes parmi elles, les Françaises formaient en proportion la nationalité la plus résistante du camp. Toutes catégories confondues et sur la durée de son existence (1939-1945), Ravensbrück n'a abrité, si l'on peut dire,

1. Taux calculé d'après : Fondation pour la mémoire de la Déportation, *Le livre mémorial des déportés de France par mesure de répression et dans certains cas par mesure de persécution, 1940-1945*, Paris, Tirésias, 2004, pp. 113-117. Les statistiques présentées sont incertaines, faute de données disponibles pour une partie des cas. Chez les hommes, le taux de survie est inférieur (60 % environ).
2. Voir p. 60. Sur le manuscrit, le chiffre « 3 » a été raturé ultérieurement pour être remplacé par un « 2 ». La date de cette correction n'est pas connue.
3. Germaine Tillion, *op. cit.* note 1, p. 40.

que 40 % de « politiques » (triangle rouge), la majorité des détenues étant composée de « droits communs » (triangle vert) et « d'asociales » (triangle noir), issues du Reich et des territoires annexés[1].

## L'écriture concentrationnaire

La littérature des camps est riche d'ouvrages remarquables[2], et les trois *Ravensbrück* de Germaine Tillion en font partie. Mais il est plus rare de rencontrer un manuscrit écrit *in situ*. Le fait même de se procurer de l'encre et du papier représentait une entreprise à haut risque. L'auteure bénéficia de la complicité d'une détenue tchèque, Vlasta Stachova, qui travaillait au *Bauleitung*, le service des bâtiments du camp. Se cacher pour écrire, mais aussi trouver le temps d'écrire dans l'existence harassante du détenu. Affectée au *Bekleidung*, le service du tri des vêtements issus du pillage allemand arrivant par wagons entiers, Germaine Tillion prend le risque de refuser le travail en se cachant dans une caisse d'emballage. Le hasard et la solidarité des détenues la protègent, jusqu'à ce que la victoire alliée lui permette d'échapper à la destruction, d'elle-même et de son manuscrit.

*Le Verfügbar aux Enfers* est un document rare dans son genre. Mais il n'est pas unique. Des notes, des

1. Bernhard Strebel, *Das KZ Ravensbrück. Geschichte eines Lagerkomplexes,* Schœningh, Paderborn, 2003, 615 p., paru en français chez Fayard en 2005.
2. Voir notamment : Luba Jurgenson, *L'expérience concentrationnaire est-elle indicible ?,* Éditions du Rocher- Jean-Paul Bertrand, 2003, 396 p. ; Annette Wieviorka, *Déportation et génocide*, Paris, Plon, 1992, 506 p. ; Michael Pollak, *L'expérience concentrationnaire. Essai sur le maintien de l'identité sociale,* Paris, Métailié, 1990, 342 p.

journaux de déportés ou de prisonniers des ghettos, des poèmes lyriques, nostalgiques, patriotiques ou religieux ont été retrouvés, ainsi que des dessins descriptifs. Germaine Tillion elle-même a pris des notes sur des morceaux de papier de 5 × 4 cm, en codant les informations recueillies sous l'apparence de recettes de cuisine. Mais nous n'avons pas, à notre connaissance, d'autre exemple du genre littéraire du *Verfügbar aux Enfers*, « l'opérette revue ». On connaît *Schum Schum*, une fantaisie pareillement, autre pièce de théâtre écrite en camp, d'ailleurs également à Ravensbrück. Elle a pour auteur, en 1941 ou 1942, une prisonnière juive, sociologue socialiste autrichienne, du nom de Käthe Leichter[1]. Mais le sarcasme voilé de sa pièce vise surtout les SS, tandis que *Le Verfügbar* met en scène une autodérision exceptionnelle. En 1944, un opéra a aussi été conçu à Theresienstadt, *L'Empereur de l'Atlantide*. Mais le librettiste a choisi l'allégorie, et bien que les personnages du Kaiser et de la Mort rappellent clairement le contexte de dictature totalitaire et de meurtres en série, le texte reste abstrait et ne renseigne pas sur la réalité du camp[2].

*Le Verfügbar* est au contraire un riche vecteur d'information sur le camp. La seule œuvre qui se

---

1. Jack G. Morrison, *Everyday Life in a Women's Concentration Camp 1939-1945*, Markus Wiener Publishers, Princeton, 2000, p. 197 ; et Herbert Steiner, *Käthe Leichter, Leben und Werk*, Europaverlag, Wien, 1973, pp. 201-202. Käthe Leichter a été gazée en mars 1942 dans un institut d'euthanasie.

2. *L'Empereur de l'Atlantide ou le refus de la mort,* opéra de Viktor Ullmann, livret de Peter Kien, composé à Theresienstadt en 1943, répété en mars 1944, puis interdit. Les auteurs sont morts à Auschwitz en 1944.

rapproche de celle de Germaine, réunissant l'esprit d'autodérision et l'observation des faits, est une série de caricatures de détenues dessinées sur place par une autre prisonnière de Ravensbrück, Nina Jirsikova[1]. Avant son arrestation, Nina était à Prague danseuse et chorégraphe de cabaret : la revue, le rire et la satire lui étaient un genre familier.

Faire rire, rire de soi et transmettre l'information, trois actes de résistance en situation extrême : telle est la performance de Germaine Tillion. Pourquoi elle ? Sa biographie est maintenant connue[2]. Ethnologue de formation, résistante dès 1940, elle arrive au camp pourvue des armes de l'esprit et du choix politique. De l'étude des Berbères chaouias, elle passe sans désemparer à l'examen méthodique du milieu concentrationnaire. Comme résistante, elle est décidée à « demeurer partout l'ennemi de ses ennemis et non pas seulement leur victime[3] ». Avec d'autres Françaises, elle refuse de travailler « pour eux », les Allemands, et parvient, à l'aide de ruses renouvelées, à échapper aux colonnes de travail. Elle est *Verfügbar*, c'est-à-dire « disponible » pour les corvées du camp, auxquelles elle et ses camarades essaient encore de se soustraire dans la journée, en se cachant de bloc en

1. Margarete Buber-Neumann, *Milena,* Paris, Seuil, 1986, pp. 215-216.
2. Germaine Tillion, *À la recherche du vrai et du juste. À propos rompus avec le siècle.* Textes réunis et présentés par Tzvetan Todorov, Paris, Seuil, 2001, 415 p. ; Jean Lacouture, *Le témoignage est un combat. Une biographie de Germaine Tillion,* Paris, Seuil, 2000, 339 p. ; et Nancy Wood, *Germaine Tillion, une femme-mémoire. D'une Algérie à l'autre*, Paris, Autrement, 251 p.
3. Bluette Morat, « Le maquis de Ravensbrück », in *Ravensbrück*, Les Cahiers du Rhône, 1946, *op. cit.,* p. 150.

bloc. C'est « le maquis du camp ». Pourtant, le *Verfügbar* moyen est à Ravensbrück un pauvre hère qui n'a pu faire valoir aucune qualification ou aptitude. C'est l'un des pires statuts. Encore moins nourri, chargé des travaux les plus repoussants ou les plus affreux comme le ramassage des cadavres, le *Verfügbar* cherche en général à échapper à sa condition de sous-prolétaire du camp[1]. Rechercher cette position, c'est refuser le système. Ethnologue en situation d'observation et participante malgré elle, sous-prolétaire volontaire, Germaine Tillion est aussi une femme. En tant que telle, elle est familière des choses du corps et des embarras qu'il cause. En situation de survie, ce rapport au corps qui permet de verbaliser des circonstances portant atteinte à la pudeur devient vital. C'est une arme dont les femmes disposent mieux que les hommes, et qui explique en partie la place tenue dans le manuscrit par l'autodérision appliquée à l'état physique des détenues.

## La résistance par le rire

Comme l'indique le manuscrit lui-même, *Le Verfügbar aux Enfers* est une « opérette revue ». Il relève donc non seulement de la comédie musicale, mais du music-hall. Un genre inattendu pour décrire la condition de détenues concentrationnaires. Ce refus délibéré de l'esprit de sérieux est une technique de survie. « Tu n'as aucun effort à faire pour te libérer… Tu n'as qu'à te laisser aller », dit le présentateur au chœur des Verfügbar (p. 58). Ne pas se laisser aller, c'est refuser l'émotion envahissante. Le seul passage

1. Jack G. Morrison, *op. cit.*, p. 201.

lyrique de l'opérette est un poème chanté adressé à l'Espoir (p. 72). Ni apitoiement sur soi, ni victimisation, ni l'inverse, l'héroïsation. Le jour anodin sous lequel est présentée l'action des détenues dans la Résistance leur donne une allure d'antihéros plutôt que d'héroïnes (p. 36-39). Mettre à distance le présent comme le passé, pour consacrer toutes ses forces à la survie. « Survivre, notre ultime sabotage », écrit Germaine Tillion en 1946.

Communicatif et tonique, le rire contribue à créer une communauté qui est en soi un facteur de survie. En partie collective, l'écriture même de l'opérette participe déjà de la formation d'une solidarité. Sa représentation aurait étendu le réseau de complicité et développé une conscience de résistance dans l'auditoire, mais le contenu subversif et le régime concentrationnaire en excluaient l'éventualité. Il y eut cependant deux spectacles de détenues donnés à Ravensbrück, l'un autorisé, à Noël 1944 pour les enfants, et l'autre clandestin, le *Schum Schum* cité plus haut, dont la représentation fut surprise par les gardiennes et qui fut suivie de six semaines de cachot pour trente-deux prisonnières. *Le Verfügbar* a seulement été dit et chantonné dans le groupe des compagnes de Germaine.

Le premier rire qui retentit dans le texte est un rire de potache, un fou rire de collégienne que déclenche ce pastiche de l'*Orphée aux Enfers* d'Offenbach. Déjà parodie de l'opéra lyrique créé par Gluck, l'opéra bouffe créé sous le Second Empire se voit doublé d'une imitation : c'est un pastiche de parodie que la détenue conçoit du fond de sa caisse en octobre 1944. On peut imaginer l'amusement qu'elle éprouve à écrire le prologue, un « à la manière de » d'une bucolique latine (p. 30), ou ce *remake* d'une fable de

La Fontaine dans lequel le *Verfügbar* joue le rôle du pauvre bûcheron (p. 87) ; ou encore cette transposition comique du chant éploré d'Orphée ayant perdu son Eurydice, tiré de l'opéra originel (pp. 107-109). À bien des égards, *Le Verfügbar* est un joyeux canular. Détournées de leur sens, les références littéraires et musicales y abondent et servent à réaffirmer dans un éclat de rire une identité culturelle directement menacée par l'entreprise de réduction à l'état de loque et de fumée.

L'idée de génie, qui fonde le ressort comique, a été de prendre le *Verfügbar* comme une espèce animale nouvelle, qu'un conférencier, le présentateur de la revue, examine à la manière d'un entomologiste confronté à un insecte inconnu. En supprimant les causes et les intentions, en se limitant à une observation externe de l'apparence et du comportement de l'espèce étudiée, le naturaliste déclenche sans le vouloir mille exemples de comique de situation. Un peu comme le brave soldat Chveik, le pauvre *Verfügbar* est en butte à toutes sortes d'avanies et de contradictions. À l'état embryonnaire, lorsqu'il est encore dans les mains de la Gestapo en France, il est puni pour n'avoir pas parlé (à la Gestapo), mais puni aussi pour avoir parlé (entre prisonnières, de cellule à cellule ; p. 43) ; ou encore, arrivé au camp, à l'état adulte donc, tout maigre qu'il soit devenu, « il engraisse et nourrit de nombreux parasites, dont les plus nombreux sont les poux, les puces et les blokovas [chefs de bloc] » (p. 64).

Les mésaventures du *Verfügbar* ne l'empêchent pas de conserver entrain et bonne humeur. Il égrène ses déconvenues sur des airs d'opérettes et de chansons populaires. La ritournelle ou le refrain dans l'oreille, l'auteure modifie les paroles ou leur sens, rimaille avec ardeur et désamorce le tragique ou l'horreur de la situation. Une fois seulement, l'humour devient grinçant, voire cruel. Dans une chanson de route, « Trente filles vont chantant » et rencontrent un « Hes hes » qui « va gueulant » et qui tue l'une d'elles à chaque couplet (pp. 84-85). Comme dans les comptines, le nombre des filles qui « vont chantant » diminue d'une unité à chaque refrain…

## L'autodérision comme autodéfense

Résister par le rire, envelopper le grave dans le gai, mais sans l'y dissoudre. L'opération de survie se double d'une opération vérité, avec une cible originale : les victimes elles-mêmes. Soupapes de sûreté bien connues, les histoires drôles fourmillent dans les régimes totalitaires, mais elles visent en général les autorités. Ici, la tête de Turc n'est pas le tyran, mais un peu ses valets et surtout ses sujets. L'humour noir et l'autodérision tendent aux détenues un miroir sans pitié, dont la description même force la réaction, entraîne le refus et représente une victoire de l'esprit sur le système de déshumanisation.

Provocante, la leçon d'histoire naturelle montrant la genèse du *Verfügbar* « par conjugaison d'un gestapiste mâle et d'une résistante femelle » (pp. 40) souligne le viol symbolique que représentent l'arrestation par la Gestapo puis l'arrivée au camp. Enregistrer la rupture avec l'ancien monde, signer ce nouvel acte d'état civil que constitue l'entrée en barbarie pour des civilisées, c'est mettre à distance le système. Classer le *Verfügbar* dans la famille des gastéropodes, « car il a l'estomac dans les talons, ce que personne ne peut nier » (pp. 31 et 48-49), c'est reconnaître la tyrannie de la faim pour mieux s'en défendre. Décrire les manifestations de la déchéance physique, ne s'épargner aucun détail, montrer l'affaissement des épaules, de la voûte plantaire et des seins qui caractérise le *Schmuckstück*, la détenue épuisée que les SS surnomment « bout de bijou » par dérision, de même qu'ils ont créé le sobriquet de « musulmans » pour les hommes. Confier la description anatomique au conférencier naturaliste curieux de sa découverte, c'est s'interdire tout attendrissement délétère, et même rire de la situation insolite (pp. 55-56).

Sur l'air d'*Au clair de la lune*, le *Verfügbar*, nostalgique mais non désespéré, chante « Notre sex-appeal/ Était réputé/Aujourd'hui sa pile/Est bien déchargée » (p. 49). L'auteur réussit même à susciter une gaieté espiègle en évoquant les conditions dégradantes dans lesquelles les détenues ont accès à « ce qu'on appelle "water" en français, "toilette" en allemand et "pissoire" en suisse » (pp. 63-64).

Et la mort ? La voir en face, mais toujours en plaisantant. Cherchant une unité de mesure pour calculer la durée de vie du *Verfügbar*, le conférencier trouve « la journée lord-maire », par référence au lord-maire de Cork, en Irlande, qui était mort par suite d'une grève de la faim en 1921. Il en déduit, compte tenu des rations du camp, une espérance de vie de trois ans pour les détenues. Procédé cocasse pour une réalité angoissante. Catharsis de la peur par le rire.

La logique de cette opération lucidité est de lutter contre la tendance de certaines détenues à « nier la réalité », à chercher un « refuge contre une réalité intolérable [1] » : « Nous en avons assez de toutes ces histoires », « parlons d'autre chose », réclament celles qui préfèrent s'évader hors du vrai (pp. 64, 88, 105). Mais la posture du donneur de leçon est étrangère à l'auteure. Elle met joliment en scène le voyage gastronomique imaginaire à travers la France que les *Verfügbar* se racontent collectivement, comme l'ont fait tant de détenus de tous les camps (pp. 90-94). Et dans le sketch de la « pôvre Sympathie » qui est « bien fatiguée », c'est finalement le plus « gros bobard », celui de la signature de « l'Armistice », qui lui « enlève sa fatigue », à la « pôvre Sympathie » (p. 118).

## La Résistance par la circulation de l'information

*Le Verfügbar aux Enfers* fourmille d'informations sur le camp. Le système concentrationnaire nazi étant relativement bien connu, ce n'est pas le lieu, ici, d'en reprendre l'exposé. On peut cependant souligner les faits les plus frappants ou les plus originaux signalés dans le manuscrit.

Le plus saisissant, c'est la connaissance de la mort de masse et des différents modes de mise à mort. « L'horreur du transport », de ces « transports noirs » qui mènent à la mort, est signalée cinq fois (pp. 31, 69, 74, 75, 100). À Ravensbrück, la mort en série visait d'abord les femmes âgées ou rendues inaptes au travail par les conditions de détention : la « carte rose » était une introduction au « transport noir ». Mais les transports réunissaient aussi de prétendues

1. Germaine Tillion, « À la recherche de la vérité », *op. cit.*, 1946, pp. 15-16.

débiles mentales, arbitrairement sélectionnées (pp. 75-76). Les SS faisaient croire aux prisonnières qu'elles allaient dans un camp de repos, comme dit un *Verfügbar* : « Un camp modèle avec tout confort, eau, gaz, électricité. » À quoi le chœur répond : « Gaz surtout. » Cela jette un « petit froid » (p. 76). Jusqu'en 1944, les transports noirs emmènent les femmes à Auschwitz, à Lublin ou dans des « instituts d'euthanasie » où elles sont gazées. À partir de janvier 1945, une chambre à gaz fonctionne à Ravensbrück même. Environ 6 000 femmes y trouvent la mort, dont, parmi elles, la mère de Germaine Tillion[1]. *Le Verfügbar* évoque d'autres types de meurtres, comme la mort sous les coups d'une *Blokova* ou d'un SS animé de la simple envie de tuer (pp. 63, 84-85). Et, enfin, la mort administrée, par piqûre notamment, à l'infirmerie (p. 74).

À côté de cette extermination instantanée, « l'extermination par le travail » faisait son œuvre. Littéralement, l'expression *Vernichtung durch Arbeit* apparaît le 18 septembre 1942 dans une décision conjointe de Himmler, chef de la SS et commissaire du Reich pour la consolidation du peuple allemand, et le ministre de la Justice Thierack[2]. Elle organise l'extermination systématique de certaines catégories de « droits communs ». Mais la réalité de l'extermination par le travail est bien antérieure. Le protocole de la conférence de Wannsee (20 janvier 1942) décrit ce processus tel qu'il est déjà appliqué aux juifs de l'Est : le travail forcé des juifs, « séparés par sexe [...] permettra

1. Anise Postel-Vinay, « Gaskammern und die Ermordung durch Gas im Konzentrationslager Ravensbrück », in Sigrid Jacobeit et Grit Philipp (dir.), *Forschungsschwehrpunkt Ravensbrück*, Hentrich, Berlin, 1997, pp. 35-46.
2. Bernhard Strebel, *op. cit.*, pp. 125-126.

sans doute une diminution naturelle substantielle de leur nombre ». Comme on l'a signalé plus haut, la spécificité des convois de femmes déportées de France est de comporter une grande proportion de résistantes. De fait, la résistance s'est poursuivie dans le camp, sous la forme du refus du travail (les *Verfügbar*) ou du sabotage perlé au travail. Les terrassières « remuent beaucoup la terre mais surtout sans la déplacer » (p. 82-83), si bien que « Ça ne sert à rien » (p. 86) ; ou bien les prisonnières du *Bekleidung* font semblant de trier les vêtements (p. 110-111). Ce sabotage était poursuivi jusque dans les usines. Il conduisit plusieurs résistantes à la mort[1]. Retenant son rire, Germaine Tillion fait remarquer par le naturaliste le « sabotage *post mortem* » du *Verfügbar*, son cadavre n'ayant que peu de graisse à fournir pour la confection des savons (p. 47).

L'une des originalités de l'opérette est de faire ressortir le caractère très inégalitaire de la société concentrationnaire. Les Françaises y sont particulièrement sensibles, puisqu'elles ont refusé de participer à l'encadrement du camp. En 1946, Germaine Tillion estime que « la différence qui existait entre les conditions de vie d'une *Blokova* ou d'une *Lagerpolizei* [police du camp] polonaise et celles d'une misérable *Verfügbar* française ou russe, était plus grande que celle qu'il peut y avoir entre la reine d'Angleterre et la plus minable des habituées des asiles de nuit » londoniens[2]. Si les *Blokovas* et les autres surveillantes

1. Jack Morrison, *op. cit.*, pp. 97-98 ; et Anne Fernier, « Sabotage », et Renée Metté, « Holleischen », in *Ravensbrück*, 1946, *op. cit.*, pp. 115-136 et 137-140.
2. Germaine Tillion, « À la recherche de la vérité », *op. cit.*, pp. 29-30.

recrutées parmi les détenues ne sont pas françaises, c'est aussi que les déportées de France arrivent au camp « tardivement », à partir de 1943, à une date où les emplois privilégiés sont largement occupés par les premières arrivées. La « zone grise », mise en lumière par Primo Levi et découlant de la participation imposée des détenues à la gestion du camp, n'existe pratiquement pas pour les Françaises à Ravensbrück.

À la recherche du cocasse pour animer son opérette, l'auteure s'attarde sur les « Julots » du camp, ces femmes dites « asociales », issues du Grand Reich pour la plupart, qui mènent une existence homosexuelle voyante. Elles s'appelaient elles-mêmes « *Die LL Kompanie*[1] ». Non qu'elles aient été internées pour ce mode de vie, l'homosexualité féminine n'étant pas réprimée par les nazis, mais parce que les conditions carcérales, plus souvent qu'une orientation antérieure, les conduisent à ce comportement[2]. Grâce au réseau social ainsi créé, les Julots connaissent de meilleures conditions de vie.

Pris dans son ensemble, *Le Verfügbar aux Enfers* apporte autant à l'histoire qu'à la mémoire des camps. Il montre que, du fond de l'enfer, des détenues étaient prêtes à « rire de tout », ou de presque tout, car Germaine Tillion n'évoque pas la présence des

1. Jeu de mots probable sur le redoublement du « L » de lesbienne, pour signifier le couple, et sur le nom d'une unité régulière de la Wehrmacht, la compagnie aéroportée, « LL.Kp. », « Luftlande-Kompanie ».
2. David A. Ward et Gene G. Kassebaum, *Women's prison. Sex and Social Structure*, Aldine, Chicago, 1965, pp. 88-98 ; et Florence Tamagne, *Histoire de l'homosexualité en Europe, Berlin, Londres, Paris, 1919-1939*, Paris, Seuil, pp. 360-361.

enfants ni la mise à mort des nouveau-nés[1]. Et lorsqu'elle écrit, en 1944, les détenues n'ont pas encore atteint le degré d'épuisement physique et moral que leur causeront en 1945 l'usure de leur être et l'accélération de l'extermination. Le texte montre néanmoins que l'ironie voltairienne et le rire nietzschéen peuvent faire partie de la culture concentrationnaire, ce qui n'est pas toujours connu[2]. Il prouve enfin qu'une fiction comique peut transmettre la vérité d'une réalité effroyable.

CLAIRE ANDRIEU

1. Jacques Walter, « Rire de tout ? Réactions à *La vie est belle* dans la presse juive », in *Hermès*, numéro spécial « Dérision-Contestation », n° 29, 2001, pp. 133-144.

2. Patrick Bruneteaux, « Dérision et dérisoire dans les stratégies de survie en camp d'extermination », *Ibidem*, pp. 217-226.

# Le Verfügbar aux Enfers

Operette. Revue en

3 actes

# Principaux personnages

**Le naturaliste**, compère et bonimenteur de la Revue.

Redingote noire, gibus en carton noir, manchettes immenses en carton blanc, pantalons selon les moyens du bord...

Long, blafard, falot, poussiéreux, pédant...

**Chœur des Verfügbar**[1], principal héros de la pièce comme dans les tragédies grecques...

Au premier acte, costumes « Schmuckstück[2] ».

Au 2e acte, les robes sont propres et raccommo-dées, munies de ceintures, les chaussures ont des lacets, les bas ne pendent pas...

1. Verfügbar (prononcer Ferfugbar). Les Verfügbar étaient en général les quelques prisonnières rebelles qui avaient décidé de ne pas travailler « pour eux » (pour les Allemands). N'étant inscrites dans aucune colonne de travail, elles étaient cor-véables à merci, « à la disposition » (*zur Verfügung*) des SS. Après l'appel du matin, elles s'efforçaient de se cacher pour leur échapper.

2. Schmuckstück (prononcer chmouk-chtuk). Femme efflanquée, affamée, en haillons très sales, jambes bleuies et rongées de larges plaies, rares cheveux collés par la crasse, yeux immenses sans expression, appelée par dérision par les SS *Schmuckstück*, c'est-à-dire « bijou ». Dans les camps d'hommes les Schmuckstück étaient appelés « musulmans ».

Au 3ᵉ acte, costumes « Polonaises de la Kammer [1] »…

Le chœur n'est pas anonyme ; quelques-unes de celles qui le composent ont un nom et une personnalité qui se développera au cours des 3 actes.

**Chœur des julots**, gras, chics, cheveux plaqués, ceintures très serrées, poitrines arrogantes, mi-bas blancs à pompons, robes rayées impeccablement lavées et repassées ornées d'un petit col blanc plein de fantaisie [2]…

**Chœur des Cartes roses** [3], hardes orientales, vaste répertoire de maladies voyantes, boitillements, paupières tombantes, tremblements convulsifs, etc.

---

1. Kammer. Baraque où étaient entreposés les vêtements civils des prisonnières et la réserve des vêtements rayés bleu et gris des bagnardes. Travailler à la Kammer était un privilège, chasse gardée des Polonaises, propres et bien nourries par leurs camarades de la cuisine.

2. Julots. Surnom donné aux femmes qui jouaient le rôle masculin dans les couples de lesbiennes. Voir introduction.

3. Cartes roses. Prisonnières en général âgées ou infirmes qui avaient reçu de l'administration du camp une carte rose les dispensant du travail forcé. Elles restaient dans leur baraque (le Block) où, assises sur des tabourets, elles tricotaient des bas gris sous la direction haineuse d'une gardienne. Comme certaines le pressentaient, il s'avéra, vers la fin de 1944, que ces Cartes roses représentaient le premier tri qui devait mener à la sélection puis à l'assassinat des femmes « inaptes au travail ».

# Prologue

*Les auteurs, ou leur déléguée, viennent devant le rideau et déclament* :

> … qu'un autre dans ses vers chante les frais
>     ombrages
> D'un amoureux printemps les zéphyrs attiédis
> Ou de quelque beauté les appâts arrondis…
> J'estime que ce sont banalités frivoles,
> Et je voudrais ici, sans fard, sans parabole,
> Chanter les aventures, et la vie, et la mort
> Dans l'horreur du Betrieb [1], ou l'horreur
>     du Transport [2]
> D'un craintif animal ayant horreur du bruit,
> Recherchant les cours sombres et les grands pans
>     de nuit
> Pour ses tristes ébats que la crainte incommode
> Ventre dans les talons – tel un gastéropode –,
> Mais fonçant dans la course ainsi qu'un auto-
>     bus.

1. Betrieb. L'usine du camp (textile).
2. Transport. Soit le transfert dans une usine de guerre lointaine ou sur un chantier infernal, soit le transfert vers un lieu inconnu que l'on pressent être un lieu d'assassinat. C'est alors le « transport noir ».

Pour fuir le travail tenant du lapinus
Pour aller au travail tenant de la limace
Débile, et pourchassé, et cependant vivace,
Tondu, assez souvent galeux, et l'œil hagard…
En dialecte vulgaire, appelé « Verfügbar »…

# PROLOGUE

Les auteurs, ou leur déléguée, viennent devant
le rideau et déclament :

----.qu'un autre dans ses vers chante les frais
D'un amoureux printemps les zéphirs attiédis ombrages
ou de quelque beautés les appâts arrondis ----

J'estime que ce sont banalités frivoles,
Et je voudrais ici, sans fard, sans paraboles,
chanter les aventures, et la vie, et la mort
Dans l'horreur du Bétrieb, ou l'horreur
                              du Transport
D'un craintif animal ayant horreur du bruit
Recherchant les coins sombres et les grands
                              pans de nuit
Pour ses tristes ébats, que la crainte inconnue
Ventru dans les talons, — tel un gastero-
                              pode — ,
Mais fonçant dans la course ainsi qu'un
                              autobus
Pour fuir le travail, tenant du lapin,
Pour aller au travail, tenant de la limace,
Débile, et pourchassé, et cependant vivace

F. A. En bas du dessin, les initiales de l'auteur : France Audoul.
L'ombre noire au second plan : la mort. Silhouette d'une gardienne avec sa grande cape noire et son calot à pointes.

# Acte I : Printemps

*La scène représente un lieu quelconque, de préférence disgracieux et plein de courants d'air...*

*Le chœur des Verfügbar se tient à droite et à gauche de la scène : à droite le chœur des Vieux Verfügbar, à gauche les Débutants Verfügbar.*

*Tous sont groupés dans des poses figées, et tiennent à la main leurs cuillères de bois et leurs Schüssel[1] dont ils fixent le fond d'un œil morne... Schüssel et cuillères serviront à rythmer les pas des ballets...*

*Tous en costumes « Schmuckstück » : chemises plus longues que les robes, robes en loques, souliers dépareillés noués avec des ficelles, bas en accordéon, etc.*

*Au milieu de la scène, sur une petite planchette, est posé un verre d'eau.*

**Le naturaliste**. [*Il prend le verre d'eau, boit une gorgée, perd ses manchettes, les rattrape, repose le verre d'eau et se tourne vers le public.*]

– Mesdames, mesdemoiselles, monsieur julot. [*Petits saluts.*]

---

1. Schüssel. Petite cuvette en émail rouge sombre dans laquelle les prisonnières recevaient leur louche de soupe.

Vous savez déjà que l'objet de ma conférence est l'étude approfondie d'une nouvelle espèce zoologique, celle des Verfügbar…

Le terme Verfügbar appartient au dialecte germanicon et signifie « disponible »…

Je vais maintenant vous présenter un spécimen de l'Espèce pour que nous puissions en dégager les caractères essentiels.

[*Quelqu'un se dresse dans le chœur des jeunes.*]

**Nénette**. – Moi ?
[*C'est une dame de 50 ans.*]

**Le naturaliste** [*À Nénette.*] – À la rigueur… [*Au public.*] – Je vous présente Nénette, jeune Verfügbar, âgée de 15 jours… [*À Nénette, brutalement.*]
– Maintenant va à ta place et n'interromps plus.

**Nénette**. – Non, mais en voilà des manières…
Qui vous a permis de me tutoyer ?

**Le naturaliste**. – Tu n'as pas l'habitude qu'on te parle sur ce ton ?

**Nénette** [*Modestement.*] – Si… depuis 15 jours…

**Le naturaliste**. – Qu'est-ce que tu faisais dans ta vie antérieure ?

**Nénette**. – J'étais présidente d'une filiale de la Société protectrice des Animaux, pour la Libération des Serins…

**Le naturaliste**. – C'est pour cela que tu es ici ?

**Nénette**. – J'ai aussi un mari qui était général de division…

**Le naturaliste**. – Ça, c'est une raison…

**Nénette**. – C'est <u>la</u> raison… la <u>seule</u> raison. [*Un temps.*] Enfin… Tout à fait entre nous. [*Elle chante\*.*] (œuvre collective [1])

> *J'avais une grande maison,*
> *Où je cachais sans précaution,*
> *Des juifs avec des nez trop longs,*
> *Et des gens de toutes conditions…*
> *Il y avait même des munitions*
> *Tombées par hasard d'un avion…*
> *Je n'sais pas ce qui s'ensuivit…*
> *C'est p'têtre pour ça qu'j'suis ici…*
> [*Elle va chercher par la main Lise, 25 ans, grande, blonde.*]
> *Tu menais une vie d' patachon*
> *Trois fois par jour changeant de nom,*
> *Apostillant sans permission*
> *De fausses cartes, et des cartons*
> *Ornés de beaux photomatons,*
> *Pour des gens sans situation…*

---

\* L'astérisque renvoie aux notes musicales. Il est parfois utlisé par Germaine Tillion elle-même pour préciser les références musicales. Toutes sont développées en fin d'ouvrage page 119 et suivantes.

1. Œuvre collective, Les textes ainsi désignés ont été mis en forme par France Audoul, peintre et amie de Germaine Tillion.

*Mais tout allait de mal en pis...*
*C'est p'têtre pour ça qu'tu es ici...*
[*Toutes deux se tournent vers Titine, 40 ans, brune,*
*elle tenait un petit café près de Perpignan.*]
*Elle menait au-delà des Monts*
*Des petits gars rudes et bons*
*Qui fuyaient les ordres teutons*
*Pour ne pas faire de munitions...*
*Leur partageant même sa ration*
*De pain bis et de saucisson...*
*Elle disait rien à son mari...*
*C'est p'têtre pour ça qu'elle est ici*
[*Toutes trois se tournent vers le chœur.*]
*Vous faisiez pour des polissons*
*Des quantités de commissions.*
*Vous passiez vos meilleurs filons*
*À des héros sans prétention,*
*Qui faisaient sauter des camions*
*Des pylônes et des stations...*
*Un jour le coup n'est pas parti...*
*C'est p'têtre pour ça qu'vous êtes ici.*
[*Le reste du chœur s'avance et chante.*]
*Nous allions de Nantes à Menton*
*Sur un message de London...*
*Nous fournissions de gros canons*
*Le maquis en révolution...*
*De pâte molle et de crayons*
*Qui f'saient sauter des tas d'maisons*
*Nous nous disions « pas vu, pas pris »...*
*C'est p'têtre pour ça que nous sommes ici.*

**Le naturaliste** [*Au chœur.*] – Maintenant silence,
c'est à moi de parler...

[*Au public.*] – Mesdames, mesdemoiselles, ne parlons que pour mémoire des variétés à triangle[1] vert, noir ou violet car c'est la variété rouge qui nous intéresse…

Comme vous pouvez le constater ce triangle se porte sur la patte antérieure gauche, accompagné d'un numéro[2], destiné, diraient Darwin et les finalistes[3], à porter bonheur…

**Le chœur**. – Y s'y connaît Darwin !!!

**Le naturaliste**. – Si on m'interrompt encore, je m'en vais…

**Le chœur**. – Non, non, continue, tu nous intéresses… Ici, on n'est pas difficile…

**Le naturaliste** [*Avec emphase.*] – … destiné, diraient Darwin et les finalistes à porter bonheur. [*Un temps.*] – Sur ce point nous hésitons cependant à suivre l'opinion de l'illustre philosophe…

1. Les triangles en tissu de couleur de 4 à 5 cm étaient cousus sur la robe, pointe en bas.

La couleur représentait la catégorie à laquelle le déporté appartenait, ceci dans tous les camps de concentration.

Un « triangle vert » était une détenue de droit commun, dite *Kriminelle*.

Un « triangle noir » était une femme internée pour atteinte à la qualité de la race, dite *asoziale*. Elle pouvait être marginale, sans domicile fixe, à la charge des mairies, ivrogne, prostituée, mauvaise mère, etc.

Les « triangles violets » étaient les Témoins de Jéhovah, dites *Bibelforscherin*, et les « triangles rouges » les « politiques ».

2. Le numéro de matricule imprimé sur une petite bande de tissu blanc devait être cousu sous la pointe du triangle. Ces numéros étaient attribués par ordre d'arrivée au camp.

3. Le principe, posé par Darwin, de la sélection naturelle des espèces était parfois admis par les « finalistes » comme une « cause finale » d'ordre métaphysique.

**Le chœur**. – Bon !

**Le naturaliste**. – Le Verfügbar était inconnu des anciens. Pline [1] l'a ignoré, Buffon [2] également, Fabre [3] lui-même n'en parle pas, et tout nous porte à croire qu'il n'est apparu à la surface du globe qu'au cours de la 4e décade du XXe siècle… Ce serait une grossière erreur de l'apparenter aux esclaves antiques, ou aux serfs du Moyen Âge, même ceux qui se nourrissaient de rats et de pissenlits, pendant la guerre de Cent Ans, paraîtraient des gaillards grassouillets auprès de notre animal, et d'ailleurs, à choisir, aucun n'aurait consenti à devenir Verfügbar…

Nous sommes parvenus, d'ailleurs, à déterminer avec certitude son origine… [*Avec emphase.*] – <u>Il est le produit de la conjugaison d'un gestapiste mâle avec une résistance femelle</u>…

**Le chœur** [*se met à trépigner, à pousser des grognements, à taper sur les Schüssel avec rage, à grincer des dents, etc.*]

**Le naturaliste** [*Au public.*] – Ne faites pas attention, chaque fois qu'on lui parle de son père [4], ça le met dans cet état… Mais vous allez voir, je vais le faire taire…

---

1. Pline l'Ancien (23-79), auteur d'une *Histoire naturelle* en trente-sept volumes.
2. Buffon (1707-1788), auteur d'une célèbre *Histoire naturelle*.
3. Jean-Henri Fabre (1823-1915), entomologiste, surnommé l'Homère des insectes.
4. Le père est le gestapiste mâle.

[*Au chœur.*] – Vingt-deux [1].

[*Brusquement silence complet, le chœur reste figé dans des poses de musée Grévin, qui, bouche ouverte, qui, jambe en l'air.*]

[*Au public.*] – Vous remarquerez l'influence que certains mots ont gardée sur l'intelligence atrophiée du Verfügbar… Nous reviendrons là-dessus…

Je reprends :

La vie embryonnaire [2] de l'animal est très agitée. On la divise en trois grandes périodes : une première période dite unicellulaire ou à caractère secret. Le jeune embryon est introduit par son père dans une couveuse glacée où on le soumet périodiquement à l'épreuve de l'eau, du coup de poing sur la gueule, et du nerf de bœuf, pour ne parler que des plus usuelles…

Mentionnons seulement l'aréole des seins brûlé à la cigarette, la suspension par les bras au-dessus d'une source de chaleur, les poils des aisselles arrachés, les fesses pyrogravées à la torche, les pouces écrasés au marteau et diverses autres fantaisies sur lesquelles nous ne nous étendrons pas…

**Le chœur**. [*Il chante*\*.]
   *Mon papa est venu me chercher,*
   *Puis il m'a emmenée rue des Saussaies* [3]…

1. Vingt-deux. Expression populaire courante, dans la rue, dans les prisons ou à l'armée, pour prévenir de l'arrivée de la police, d'un gardien ou d'un chef. (C+H+ E+F font bien 22 si on donne à chaque lettre son rang alphabétique : 3 + 8 + 5 + 6 = 22.)

2. La vie embryonnaire du Verfügbar se passe dans les mains de la police et en prison, avant la déportation.

\* Air de *Mon papa est venu me chercher.*

3. Rue des Saussaies. Un des bâtiments du ministère de l'Intérieur, à Paris, réquisitionné par la Gestapo.

*Là il m'a trempée dans une baignoire,*
*Pour me faire raconter des histoires...*
*Il m'a dit qu'il m'avait reconnue.*
*J'ai compris que j'étais bien vendue...*
*J'étais toujours dans la tasse,*
*Côté pile, ou côté face,*
*Et mon père m'a quand même reconnue...*

**Le naturaliste** [*Au chœur.*] – Maintenant tais-toi, c'est moi qui parle...

[*Au public.*] – Ce n'est qu'au bout de quelques jours que l'embryon donne des signes d'intelligence, d'ailleurs peu concluants : il frappe contre les murs, ronge le bois de sa fenêtre avec une vieille cuillère ou un clou, dresse l'oreille au moindre bruit, parle dans le tuyau du robinet ou celui du calorifère. On a même cité des cas de dessèchement du tuyau des cabinets par des embryons anormalement développés...

Il est alors atteint de logorrhée (de logos : je parle, et de rhein : couler d'abondance). Cette affection le prend surtout à la tombée de la nuit et semble coïncider avec le passage d'un chariot. Elle lui attire de nombreux désagréments...

Il montre ici les premiers signes de cet esprit de contradiction qui va présider à toute sa vie.

Car, ne l'oublions pas, mesdames et mesdemoiselles, c'est pour avoir refusé de parler que le jeune embryon a été soumis aux épreuves susmentionnées... Et c'est pour avoir parlé [1] qu'il est ensuite

---

1. Pour avoir parlé. Dans chaque cellule de prison, le règlement est affiché... « Il est interdit de parler, de chanter, de frapper au mur, etc. » Les prisonniers parlaient d'une cellule à l'autre, en cassant un carreau du vasistas, par les latrines à la Santé, par le conduit du chauffage central à Fresnes. S'ils étaient pris, ils étaient sévèrement punis.

privé de paillasse, de couverture, de nourriture, mis au cachot, et parfois aux fers…

Il se choisit un nom secret dont il change parfois au cours de son existence, selon une coutume répandue chez divers peuples non civilisés…

**Le chœur** [*On entend un brouhaha confus où tous s'interpellent en même temps.*]

– Nénette, Marie-Jo, Lise, Titine, Dédé, etc.

**Le naturaliste**. – Dans la seconde période de sa vie, dite multicellulaire[1] (c'est-à-dire, entendons-nous, à plusieurs corpuscules par cellule, et non pas à plusieurs cellules par corpuscule), les signes d'intelligence augmentent : il joue à la belote, correspond avec l'extérieur et améliore sensiblement son alimentation jusqu'alors principalement constituée par des trognons de choux et des pépins de courgettes…

Nous arrivons à la troisième et dernière période, dite Romainvilloise, ou Compiégnoise[2]. Au cours de cette période (d'ailleurs facultative), l'animal donne des signes de gaîté, de sociabilité, il montre du goût pour les couleurs claires, les pyjamas fantaisie et même parfois engraisse (fait qui mérite d'être mentionné).

Cette période est interrompue brutalement par l'agitation pré-natale qui commence par un appel général et de nombreux jurons…

1. Après une période « au secret », seule dans une cellule, la détenue était transférée dans une cellule collective (« multicellulaire »).

2. Romainvilloise ou Compiégnoise. Le fort de Romainville et le camp de Compiègne, situés dans la région parisienne, servaient de lieux de transit entre la prison et la déportation. Le régime y était moins dur qu'en prison.

**Chœur des jeunes Verfügbar**. – [*Il chante\*.*]

*On m'a dit « il faut résister »…*
*J'ai dit « oui » presque sans y penser…*
*C'est comme ça qu'dans un train de la ligne du*
    *Nord,*
*J'eus ma place retenue à l'œil, et sans effort,*
*Et quand le train s'est arrêté,*
*On ne m'a pas demandé mon billet…*
*Mais malgré le plaisir de la nouveauté*
*J'aurais bien voulu m'en aller…*

**Chœur des vieux\*\***.

*Écoute ! jeune Verfügbar*
*L'air que ces bagnards,*
*Chantent dans la rue…*
*C'est sur cet air, vois-tu,*
*Que tu m'es apparue…*
*La nuit tombait déjà*
*Étouffant tes pas sur le sol glacé…*
*Chiens et gardiens aboyaient.*

**Chœur des jeunes**.

*On m'a dit… on ne m'a rien dit.*
*Et je n'ai pas même eu à dire oui.*
*Ahuri et moulu, sortant du fourgon,*
*J'entendis d'abord des jurons…*
*J'aperçus ensuite nos gardiens.*
*Ils avaient des cravaches à la main…*

---

\* Air *Sans y penser.*
\*\* On entend dans le lointain un des airs de marche du Straf-Block. (Straf-Block. Block disciplinaire d'où les colonnes de travail sortaient en chantant sous la contrainte des chants de soldat en allemand, la pelle sur l'épaule. Voir p. 51.).

Chœur des jeunes Verfügbars : — [Rechanté] *

> On m'a dit " il faut résister" _ _ _
> j'ai dit "oui" presque sans y penser _ _
> c'est comme ça qu'dans un train de la ligne du
> j'eus ma place retenue à l'œil, et sans effort, ^Nord
> Et quand le train s'est arrêté,
> On ne m'a pas demandé mon billet _ _
> mais malgré le plaisir de la nouveauté
> j'aurais bien voulu m'en aller _ _ _

Chœur des Vieux : — **

> Écoute ! jeune verfügbar
> L'air que ces bagnards,
> chantent dans la rue _ _ _
> c'est sur cet air, vois-tu,
> que tu m'es apparue _ _ _
> La nuit tombait déjà
> Étouffant tes pas sur le sol glacé _ _
> chiens et gardiens aboyaient _

Chœur des jeunes : —

> On m'a dit _ _ _ On ne m'a rien dit .
> Et je n'ai pas même eu à dire oui .
> Ahuri et moulu, sortant du fourgon,

# Air "Sans y penser"
** On entend dans le lointain un des airs de
marches du Stref-Blok

*Malgré la différence des vocabulaires,*
*J'compris d'suite ce qu'ils en voulaient faire !*

**Chœur des vieux.**
*Dans un grand hall glacé,*
*On t'a déshabillée,*
*Puis numérotée...*
*Puis on t'a fait poser*
*Pour bien t'acclimater...*
*Défaillant de froid,*
*Et louchant d'effroi,*
*Mais les dents serrées,*
*Pourtant tu n'as pas pleuré...*

**Chœur des jeunes.**
*On m'a d'abord pris mes bijoux,*
*Ma valise et mon sac en cuir roux,*
*Mes petites provisions, mon bout de saucisson,*
*Ma chemise et mon pantalon...*
*Je croyais qu'on m'avait tout pris,*
*Et j'espérais que c'était fini...*
*Comme un bébé naissant j'étais nue*
*Et c'est alors qu'ils m'ont tondue !*

**Chœur des vieux.**
*On t'a pris tes cheveux,*
*Pour serrer des moyeux,*
*Mais ça ne suffit pas !*
*Tu travailleras,*
*Tu ne mangeras pas...*
*Quand tu succomberas,*
*On t'achèvera,*
*On te brûlera,*
*Et ta graisse encore servira...*

**Nénette**. – À quoi ?

**Chœur des vieux**. – À faire du savon, à graisser les locomotives.

**Nénette**. – C'est sûr ?

**Chœur des vieux** [*Toujours sur le même ton morne et sinistre.*] – Oui !

**Nénette**. – Ah ! Tant pis !

**Chœur des vieux**. – À Lublin [1] c'était les os qu'on récupérait… Ça dépend des endroits…

**Nénette** [*Pensivement.*] – Je n'aime pas non plus… [*Un temps.*] – Mais s'il faut absolument choisir, je crois que j'aime mieux les os… Ça doit être moins salissant…

**Le naturaliste**. – En tout cas, si c'est la graisse qu'on récupère, vous remarquerez mes chers auditeurs, que même <u>post mortem</u> notre animal trouve le moyen de saboter, le sabotage étant d'ailleurs le trait le plus remarquable de son activité…

---

1. Lublin. Camp situé à côté de la ville de Lublin, au sud-est de la Pologne, appelé aussi Maïdanek. Construit en 1941, ce camp de concentration devait devenir un camp géant pour servir de base à la colonisation nazie jusqu'à l'Oural. En 1942, pourvu de chambres à gaz et d'immenses charniers, il servit aussi de camp d'extermination immédiate.

**Le chœur** [*qui jusqu'alors semblait plongé dans des méditations assez sombres, s'égaie brusquement et tape une petite marche sur les Schüssel sur l'air des Lampions\*.*]

*Nous sabotons*
*Nous sabotons.*

**Le naturaliste**. – Cet intermède a assez duré. Reprenons

[*Ton de conférence*]

– Anatomiquement on classe le Verfügbar parmi les animaux inférieurs…

**Le chœur** [*se livre à une pantomime réprobatrice, cris, grimaces, grognements, etc.*]

**Le naturaliste** [*Avec énergie.*] – Je dis bien : INFÉRIEURS… Nous avons vu, dès le prologue, qu'il est apparenté aux gastéropodes (de *gaster* : estomac ; et de *podos* : pied), car il a l'estomac dans les talons, ce que personne ne peut nier…

**Le chœur** [*Murmures approbateurs, hochements de tête impressionnés…*]

**Le naturaliste** [*fait un petit salut modeste et continue d'un ton flagorneur en s'adressant directement au chœur.*] – Le gastéropode est d'ailleurs le plus intelligent des mollusques, il est supérieur à la moule, à l'huître, au clovis [1] et à l'oursin…

**Le chœur** [*Mines satisfaites.*]

1. Clovis. Clovisse, coquillage comestible.

**Le naturaliste**. – On sait que le gastéropode est à la fois mâle et femelle, tandis que le Verfügbar est quelquefois femelle, mais le plus souvent rien du tout, neutre comme les lichens auxquels il s'apparente également par la couleur…

**Le chœur** [*chante à deux voix, sur un ton lamentable\*.*]
   *Notre sex-appeal*
   *Était réputé…*
   *Aujourd'hui sa pile*
   *Est bien déchargée*
[*En solo.*]
   *Mon ampoule est morte*
   *Je n'ai plus de feu*
[*En chœur.*]
   *Ouvrez-nous la porte*
   *Pour l'amour de Dieu.*

**Le naturaliste**. – On trouve cependant une variété de Verfügbar, dite Verfügbar à colis, qui montre un appétit violent pour les bas de soie et les cols fantaisie, appétit qui semble attester un reste d'activité hormonale, ou, si l'on préfère, une survivance de l'instinct sexuel, très atténuée… Mais le Verfügbar courant ne manifeste d'intérêt que pour la tartine, dite de Betrieb [1], et le Nachkel [2] de pommes de terre…

---

* Au clair de la lune
1. La tartine de Betrieb. Tranche de pain noir distribuée dans la matinée aux travailleuses des ateliers (*Betrieb*) et dont le Verfügbar était évidemment privé.
2. Nachkel, pour *Nachkelle*. Rabiot, rab. Littéralement : l'après-louche. Prononcer « Narrkell ».

**Le chœur des vieux** [*au mot de Nachkel s'est dressé d'un bond et s'avance lentement et silencieusement vers le naturaliste.*]

**Le naturaliste** [*qui ne s'est encore aperçu de rien, continue.*] – … Lorsque son ingéniosité ou sa chance lui ont permis de s'approprier un objet de parure, il s'efforce aussitôt de l'échanger contre une gamelle de rutabagas…

**Le chœur** [*donne des signes de plus en plus marqués de nervosité et se rapproche de plus en plus du naturaliste qui recule avec effroi.*]

**Le naturaliste** [*Au public.*] – Ne faites pas attention… C'est le mot Nachkel qui leur produit cet effet-là…

[*Au chœur, avec rudesse.*] – Nicht nachkel[1]…

[*Le silence se rétablit, les Verfügbar se raccroupissent par terre et se remettent à fixer d'un œil morne le fond de leurs Schüssel vides.*]

[*Au public.*] –

Vous remarquerez, encore une fois, mesdames et mesdemoiselles, que le Verfügbar adulte atteint un tel degré d'abrutissement que son cerveau est incapable de réagir aux idées, même les plus sommaires ; seuls certains mots (dont la liste, que je suis en train d'établir, fera l'objet d'un rapport à l'Académie des sciences) ont encore le don de le sortir de sa stupeur léthargique… Nachkel est un de ces mots… Mais ceci est une parenthèse. Reprenons.

[*Ton de conférence.*]

---

1. Nicht nachkel. Nicht Nachkel, pas de rab.

Pour être complet nous devons citer des velléités de virilisation dans la variété des triangles noirs germaniconus[1]. L'animal tend alors à prendre les formes extérieures du mâle, il perd ses incisives[2], et répond au nom de julot.

On reconnaît le julot à ses chaussures civiles éclatantes de cirage, à sa coupe de cheveux garçonnière, à sa ceinture fortement serrée, et à son goût pour défiler aux premiers rangs du Straf-Block[3] en chantant...

[*Depuis un moment on entend dans le lointain l'air* Hola ho. *Le naturaliste prête l'oreille.*]

– D'ailleurs les voici...

**Les julots** [*ils arrivent sur la scène en se tenant par le bras : robes rayées mais impeccablement lavées et repassées, cols blancs, demi-bas blancs à pompon, chaussures de cuir, cheveux plaqués, cigarettes aux lèvres.*]

>    1 *Hola riya, riya, riya, riya, hola ri, hola ri ho**
>       Hola ho*
>    *Hola riya, riya, riya, riya, hola ri, hola ri ho*
>    2 *Regardez comme nous sommes chics, comme*
>       *nous sommes gras, comme nous sommes beaux,*
>       *Hola ho,*

1. Les triangles noirs germaniconus. Les « asoziales » allemandes, voir p. 39.
2. La perte des incisives est une des séquelles de la syphilis.
3. Straf-Block. Le *Strafblock* était le Block disciplinaire où l'on enfermait les détenues coupables d'infraction au règlement intérieur du camp ou des prisonnières politiques à surveiller spécialement. La majorité de ces détenues étaient des asociales allemandes, spécialement brutales et s'affichant comme lesbiennes. Le *Strafblock*, entouré d'une clôture de barbelés spéciale, était le paradis des « julots ».

*Nous sommes les champions du vol, de la com-*
*bine, et du culot,*
*Le regard hardi, les ch'veux plaqués, le verbe*
*haut,*
*c'est nous qui sommes les julots.*
*3 Aux bonnes places de la cuisine, de la cantine*
*et des bureaux,*
*Hola ho*
*À nous les bas de soie, les lingeries fines, les*
*chics manteaux...*
*Le regard hardi, les ch'veux plaqués, le verbe*
*haut,*
*C'est nous qui sommes les julots.*
*4 À nous les morceaux de saucisse, la margarine*
*et les poireaux,*
*Hola ho !*
*À nous les chaussures de cuir, les Kopftuchs*[1]
*neufs, et les mégots,*
*Le regard hardi, les ch'veux plaqués, le verbe*
*haut*
*C'est nous qui so-o-ommes les julots...*

[*Les julots s'arrêtent brusquement de chanter. L'un d'eux s'approche de Nénette et lui tend un morceau de pain blanc.*]

**Le julot**. – Du gefalst mir[2], tu m'plais, chérie...

**Nénette** [*prenant le pain. Au julot.*] – Merci bien mademoiselle...

[*Au chœur.*] – Cette jeune personne est bien sympa-thique ! Un peu familière, mais cela ne me déplaît

---

1. Kopftuchs. Pour *Kopftuch*, foulard de tête.
2. Du gefalst mir. *Du gefällst mir* : tu me plais.

pas… Et puis on voit tout de suite qu'elle a un cœur d'or… Qu'est-ce qu'elle a dit exactement ?

[*Silence.*]

[*À Lulu de Colmar.*]

– Vous, Lulu, vous avez sûrement compris…

**Lulu de Colmar** [*Très froidement.*] – Elle a dit que vous étiez son type, et qu'elle ne demandait pas mieux que d'être le vôtre : promenade sentimentale en se tenant par le petit doigt, lonla, baisers sur la bouche, etc. Si le cœur vous en dit, générale !

**Nénette** [*joignant les mains.*] – Ciel ! que me dites-vous là ? Est-ce possible ? Une enfant si jeune ! Et elle ose s'adresser à moi…

Mais quel genre ai-je donc ?

[*Au julot, d'un ton mi-pincé, mi-sucré.*]

– Je ne suis pas celle que vous croyez, passez votre chemin, monsieur – mademoiselle, veux-je dire –, je ne mange pas de ce pain-là…

[*Le mot pain lui rappelle celui qu'elle a dans la main. Elle le regarde, hésite un peu, puis le tend au julot, mais mollement et d'un air un peu embêté.*]

**Le julot** [*en allemand.*] ...........................................
............................................................................

[*Sortie des julots. On entend dans le lointain décroître la marche* Hola ho.]

**Nénette** [*très curieuse.*] – Qu'est-ce qu'elle a dit ?

**Lulu de Colmar**. – Elle a dit que vous pouviez garder le pain, qu'elle a une touche à la cuisine, et qu'elle a tout ce qu'elle veut… Elle a dit qu'elle part la semaine prochaine pour le Pouf[1], comme volontaire, que ça fera le meilleur effet dans son dossier parce qu'elle est ici pour une histoire L L[2]…

**Nénette**. – Un pouf est un petit siège rond, ça j'ai compris ! Mais le reste c'est de l'hébreu… Expliquez-moi ?

**Lulu de Colmar**. – Je regrette beaucoup, générale, mais l'hébreu c'est pas mon rayon…

**Nénette**. – On verra plus tard… En attendant, partageons le pain…

**Le chœur**. – Jamais de la vie !

**Nénette**. – Je l'exige ! Chacun va mordre un petit morceau…

**Le chœur** [*jeux de scène.*] – Ce que c'est bon ! Qu'il est blanc ! etc.

[*Attendrissement général.*]

---

1. Pouf. *Puff* en allemand vulgaire : bordel. La direction des camps de concentration avait installé de petits bordels dans quelques grands camps d'hommes comme faveur pour les détenus fonctionnaires, les « Prominente ». Les filles de ces bordels étaient recrutées à Ravensbrück : on leur promettait la libération au bout de six mois. En fait, on les voyait revenir épuisées, dévorées de maladies. Elles n'étaient pas libérées et mouraient rapidement.
2. L.L. Lesbienne en argot de camp.

**Le naturaliste**. – Mesdames et mesdemoiselles, je vous ai présenté le julot en liberté (si j'ose employer ce mot ici) mais comme c'est une variété aberrante, nous n'insisterons pas et passerons de suite à la description extérieure de l'animal :

Son pelage d'hiver est rayé[1], son pelage d'été est croisé[2]. En général il perd ses peaux au printemps avec beaucoup de gémissements, rhumes, fluxions de poitrine entraînant assez souvent la mort...

Le Verfügbar adulte est d'une maigreur squelettique, son corps est couvert de plaies et de pustules, il a généralement les membres inférieurs enflés...

Il a presque toujours les pieds plats, par suite d'un effondrement de la voûte plantaire dû, croyons-nous, au fait qu'il reste debout 17 heures par jour, – à moins que nous ne rapprochions cet affaissement des os du pied, de celui des épaules...

Vous avez remarqué, en effet, mes chères auditrices que notre sujet a l'air de fléchir sous son propre poids pourtant bien faible, phénomène qui correspond, soit à l'épuisement de son énergie vitale, soit à une décalcification avancée...

Il y a un autre affaissement que nous ne pouvons, hélas, passer complètement sous silence... Mais c'est un sujet si triste que malgré notre insensibilité scientifique nous reculons devant les détails...

Il s'agit des seins, dont je dirais seulement qu'ils ne sont plus des saints, mais des martyrs...

1. Pelage d'hiver rayé. La robe d'hiver était rayée verticalement, bleu et gris, robe d'uniforme en tissu synthétique.
2. Pelage d'été croisé. Les robes d'été, en 1944 et même tout l'hiver 1945 pour cause de pénurie, étaient prélevées sur les vêtements des arrivantes. On avait découpé dans le dos une grande « X » et recousu à la place une autre « X » taillée dans un autre tissu.

**Le chœur**. [*il pousse un long gémissement lugubre.*]
– *De Profundis clamavi**[1]…

**Le naturaliste**. – Qui reconnaîtrait les petits
païens ? Les voilà tombés dans la dévotion…

**Le chœur** [*sur le même ton morne*.] – Tombés
tout court…

[*Silence accablé.*]

**Le naturaliste**. – Ne nous appesantissons pas sur
ce triste sujet et abordons l'étude du caractère du
Verfügbar…
Son humeur est inquiète. On peut même dire que
c'est un grand anxieux. Bien qu'il n'ait pas lieu
d'attacher beaucoup d'importance à la conservation
de son existence, véritablement peu enviable, il montre
des signes de préoccupation à la perspective de la voir
interrompue brusquement…

**Une voix**. – Je ne voudrais pas mourir ici…

**Seconde voix**. – Pourtant ça n'est pas gai d'y
vivre…

**Première voix**. – Mais mourir chez soi, dans son
lit, avec des draps, et ceux qu'on aime tout autour, et

* L'orchestre fredonne, bouche fermée, l'air de *Phiphi* (« Les
Petits païens ») mais sur un rythme de marche funèbre.
1. De Profundis clamavi ad te Domine… Prière pour les morts
dans la liturgie catholique.

56

Le naturaliste : — Ne nous appesantissons pas sur ce triste sujet et abordons l'étude du caractère du Verfügbar —

Son humeur est inquiète. On peut même dire que c'est un grand anxieux. Bien qu'il n'ait pas lieu d'attacher beaucoup d'importance à la conservation de son existence, véritablement peu enviable, il montre des signes de préoccupation à la perspective de la voir interrompre brusquement ——

Une voix : — Je ne voudrais pas mourir ici.

Seconde voix : — Pourtant ça n'est pas gai d'y vivre ——

Première voix : — Mais mourir chez soi, dans son lit, avec des draps, et ceux qu'on aime tout autour, et le médecin, et le verre d'eau sucré, et tout ——— comme ça doit être bon !

le médecin, et le verre d'eau sucrée, et tout… Comme ça doit être bon !

**Seconde voix**. – Parle pas comme ça, l'eau vous en vient à la bouche, tellement qu'on voudrait y être… Probablement même qu'on a un biscuit avec le verre d'eau sucrée… Tu penses ! Un mourant civil, on va pas lui refuser un biscuit…

**Troisième voix**. – Tous les condamnés à mort, Landru, Weidmann, le vampire de Düsseldorf [1], tous, sauf nous, ils ont eu un p'tit verre de rhum, un avocat, une cigarette, un prêtre et le droit de garder leur chemise et leur pantalon pour mourir… Pourquoi pas nous ?

**Le naturaliste** [*Au chœur.*] – Tu n'es jamais content de rien : Tu te plains sans arrêt de la vie que tu mènes ici, et pourtant tu n'as aucun effort à faire pour te libérer… Tu n'as qu'à te laisser aller… Couic ! ça y est. Et ça ne te plaît pas, tu trouves encore le moyen de rouspéter.

**Le chœur**. – Fous-nous la paix avec ta conférence… Si c'est pour nous raconter ça, tu pouvais rester chez toi, on le sait mieux que toi…

**Le naturaliste**. – Ça va ! Et d'abord ça n'est pas à des idiots comme vous que je parle…

1. Henri Landru, Eugen Weidmann et Peter Kürten (le Vampire de Düsseldorf). Tueurs en série s'attaquant aux femmes. Tous trois furent condamnés à mort et exécutés, les deux premiers à Versailles en 1922 et 1939, le troisième à Düsseldorf en 1931.

[*Au public.*]

– Je vous ai déjà dit que, malgré les apparences, le Verfügbar n'a rien de commun avec l'esclave antique et le serf du Moyen Âge (y compris celui qui se nourrissait de rats et de pissenlits, etc.).

En effet, dans ces deux professions (pourtant décriées), l'histoire et l'archéologie attestent qu'on pouvait trouver des sujets qui engraissaient, ou qui se reproduisaient, ou qui prenaient de l'âge, – toutes choses qui ne peuvent arriver à un Verfügbar...

**Le chœur**. – J'ai une idée !

**Le naturaliste**. – Ça m'étonnerait qu'elle soit bonne ! Dis-la quand même...

**Le chœur**. – Les historiens qui s'attendrissent sur le Moyen Âge et l'Antiquité, on pourrait les envoyer ici...

**Le naturaliste**. – Ils y sont peut-être déjà, car les historiens, c'est comme les poux, ça se faufile partout...

**Le chœur**. – Ça me console...

**Le naturaliste**. – Si tu es content, tais-toi ! et laisse-moi parler.
[*Ton de récitation.*]

– ... l'histoire et l'archéologie attestent qu'on pouvait trouver des sujets qui engraissaient, ou qui se reproduisaient, ou qui prenaient de l'âge, – toutes choses qui ne sauraient arriver à un Verfügbar...

[*Ton normal.*] – C'est bien ça… Sur les possibilités (ou impossibilités) d'engraissement et de reproduction du Verfügbar nous savons déjà à quoi nous en tenir. Il nous reste à parler de la durée de sa vie…

Selon notre estimation, un Verfügbar remplissant les meilleures conditions – c'est-à-dire petit, ni gras, ni maigre, âgé de 30 à 45 ans, et qui échappe aux scarlatines, typhoïdes, diphtéries et fluxions de poitrine qui le sollicitent, – doit pouvoir vivre environ 2 ans…

**Le chœur**. – Impossible !

**Le naturaliste**. – Mais si !
D'ailleurs il s'agit d'un Verfügbar idéal, raisonnable, prudent, qui n'a jamais la colique, qui se débrouille pour ne pas travailler, etc. Un Verfügbar abstrait en quelque sorte… D'autre part, pour celui qui a des colis ou des amies à la cuisine, nos calculs sont naturellement faux dans l'autre sens…

Vous souvenez-vous d'un lord-maire de la ville de Cork qui mit 60 jours pour se laisser mourir de faim [1] ?

**Le chœur**. – Exprès ?

**Le naturaliste**. – Oui !

**Le chœur**. – Il en est mort ?

---

1. Le lord-maire. L'authentique *Lord Mayor* de Cork (Irlande), Terence MacSwiney, militant de l'indépendance irlandaise, mourut en prison en 1920, après deux mois de grève de la faim.

**Le naturaliste**. – Je viens de le dire. Au bout de 60 jours…

**Le chœur**. – Nous, ça n'est pas exprès.

**Le naturaliste**. – De même que les astronomes ont créé une unité de l'espace qu'ils appellent l'année-lumière, pour calculer la durée de vie du Verfügbar nous devons créer une nouvelle unité que nous appellerons la « journée-lord-maire ».

Ainsi nous pourrons dire qu'un gentleman britannique, engraissé au porridge et au bacon, en cas de famine, a une réserve vitale de 60 « journées-lord-maire » devant lui…

**Le chœur**. – Ça dépend… Moi je dirais plutôt derrière…

[*Le Verfügbar se tape jovialement sur sa fesse absente pour expliquer la plaisanterie.*]

**Le naturaliste**. – Soit ! La « journée-lord-maire » est effectivement une unité fessière… D'où il résulte que la Parisienne coquette, qui surveillait sa ligne à grand renfort de biscottes et de thé au citron, n'a, la pauvre petite, que 40 à 45 « journées-lord-maire » à cacher dans son soutien-gorge ou dans son petit slip de soie rose…

**Le chœur**. – *Mea culpa*… Si nous avions su ! C'est nous qui aurions mis de côté des « journées-lord-maire ».

**Le naturaliste**. – Un Verfügbar moyen (celui qui mange ses rutabagas mais qui n'a pas d'amie à la cuisine) use, en moyenne, trois « journées-lord-maire » par mois, soit une trentaine par an. Donc il est forcément mort de faim en moins de 2 ans. C Q F D [1].

[*Le naturaliste s'arrête d'un air satisfait et boit son verre d'eau.*]

**Le chœur**. – Et le Magendam catarr [2].

**Le naturaliste**. – Qui est-ce ?

– L'anatomie du Verfügbar est des plus sommaires : il est essentiellement constitué par un tube digestif généralement vide et douloureux mais qui se remplit une fois par jour, à heures irrégulières, de gaz et d'explosions.

**Le chœur**. – [*Il chante\*.*]

*Quand un Verfügbar n'a plus de voix, voix, voix,*
*Il a du moins, moins, moins un instrument char-*
*mant…*
*Mieux qu'avec un luth, luth, luth*
*Il exécute, cute, cute*
*Le chant du coq, coq, coq*
*Avec le trou de son…*

**Le naturaliste**. – Encore une contradiction : il ne pense toute la journée qu'à manger, et il en est malade… et aussitôt qu'il a mangé il est encore plus

1. CQFD. Ce qu'il fallait démontrer. Ancienne formule utilisée en mathématiques, passée dans le langage familier pour souligner une évidence.
2. Le Magendam Catarr. Prononciation à la française de la maladie universelle du camp : le *Magen-Darm-Katarr*, gastro-entérite qui dégénérait en dysenterie chronique.

\* Air des *Vieux Gaulois*, chanté en canon.

malade et il se précipite dans ce lieu qu'on appelle
« water » en français, « toilette » en allemand et
« pissoire » en Suisse... Or là où il apprécierait tant
un peu de solitude, il la rencontre encore moins
qu'ailleurs, car, aux mêmes heures, mille individus
se précipitent sur 5 sièges dont généralement 2 sont
hors d'usage...

**Nénette**. – Pourquoi est-ce qu'il n'y a pas de porte ?

**Vieux Verfügbar**. – On s'y plairait trop ! D'ailleurs
même comme ça c'est encore un petit coin bien
sympathique... Il faut l'avoir vu, à l'heure des consti-
pés, un peu après la seconde sirène... Les cinq sièges
occupés d'un air inamovible. Cela fait tout à fait tribunal, mais tribunal littéraire, ou bien Sénat champêtre...

**Le naturaliste**. – La chaise curule [1]...

**Marmotte**. – À Barth [2], c'était défendu d'y aller
sans permission... une idée de la Dompteuse... Elle
surveillait la porte et elle se jetait sur les femmes. Je
me souviens d'une petite Yougoslave qu'elle avait
prise à la gorge ; elle lui cognait le crâne, à grands
coups, contre le mur. La petite pleurait tellement que
ses larmes lui lavaient la figure, mêlées de sang... Il
était beau ton Sénat champêtre !

---

1. Chaise curule. Chaise d'honneur réservée aux plus hauts
magistrats de la Rome antique.
2. Barth. Kommando au bord de la mer Baltique où les détenus, hommes et femmes, travaillaient pour les usines d'aviation
Heinkel. Réputé très dur.

**Les jeunes Verfügbar**. – Finis tes radotages lugubres… Nous en avons assez de toutes ces histoires. Tu fais ça exprès pour nous démoraliser… zut et zut… nous aimons mieux les recettes de cuisine…

**Vieux Verfügbar**. – Pauvres idiotes, vous vivez comme des moutons, le nez dans votre touffe d'herbe sans rien vouloir savoir…

**Le naturaliste**. – Taisez-vous toutes ! Vous n'avez aucune civilisation [1]…
[*Au public.*]
– Malgré sa maigreur squelettique, le Verfügbar nourrit et même engraisse de nombreux parasites, dont les principaux sont les poux, les puces, et les Blockovas [2]… On peut même dire que la quasi-totalité de ses maigres loisirs, il la consacre à se protéger contre eux…

**Le chœur** [*s'épouillant par petits groupes amicaux chante\* (œuvre collective).*]
   *1. Blokova, qui veillez sur nous,*
      *Blokova, ayez pitié de nous !*
      *Vous qui êtes notre gardienne,*
      *Sur not'ration quotidienne,*
      *S'il vous plaît, ne rognez pas tout*
      *Mon ange !*

1. Vous n'avez aucune civilisation… Allusion aux invectives d'une *Blokova* polonaise, comtesse et historienne de l'art, qui frappait les Françaises avec une longue latte de bois.
2. Blokovas. Argot tchèque universellement utilisé pour désigner les *Blockälteste*, c'est-à-dire les détenues chefs de Block.
\* Air de *Mon ange qui veillez sur moi.*

*Et quand, enfin, descend le soir,*
*Quand arrive l'heure de l'espoir,*
*N'gueulez pas comme un putois,*
*Accordez que sous votre toit,*
*Un peu de sommeil entre quelquefois !*

2. *Quand le compte des savons est faux*
*Et que dans la confiture y a de l'eau,*
*Bien que nous ne réclamions rien,*
*Nous savons bien d'où ça vient,*
*Et nous n'en pensons pas moins,*
*Mon ange !*
*Quand, avec l'eau du robinet,*
*Vous allongez vos succédanés*
*Bien qu'ils ne soient pas très bons,*
*Comme c'est tout ce que nous avons,*
*Laissez un peu de confiture au fond...*

**Havas**. – Toutes ne sont pas comme ça... J'en ai connu une qui était réellement très bien...

**Lulu de Colmar**. – La mienne était stubova [1].

**Titine**. – Tout arrive... Moi j'en ai pas connu et il y a 18 mois que je suis ici...

**Havas**. – Il y a trois espèces : quelques-unes qui essaient réellement de faire régner l'ordre pour notre bien et celles-là arrivent à rendre la vie presque supportable autour d'elles...

1. Stubova. Argot tchèque pour *Stubendienst*, chef de chambrée. Prononcer « chtoubova ». Chaque Block était séparé en deux immenses chambrées surpeuplées, équipées de châlits sur trois étages et abritant chacune trois cents détenues au lieu des cent prévues.

**Marmotte**. – La mienne je ne l'oublierai pas…

**Havas**. – Il y a celles qui ne font rien, que la cuisine et l'amour. De temps en temps, quand le désordre est à son comble, dans une crise de délire inspiré, elles se ruent dans la mêlée avec un bâton et des cris inarticulés dans une langue inconnue… Puis tout recommence comme avant…

**Titine**. – J'ai connu ça…

**Marmotte**. – Il y a pire…

**Havas**. – Oui ! Il y a celles qui travaillent à nous rendre la vie insupportable…

**Titine**. – J'en connais une…

**Marmotte**. – La même que moi…

**Havas**. – Je parie que je devine…

**Le chœur**. – Catherine [1] !

**Nénette**. – Pas si fort, elle va venir…

**Le chœur**. – [*Il chante* (œuvre collective).*]*

---

1. Catherine. Cette Blokova, en réalité Käthe, Allemande de droit commun au triangle vert, était internée depuis très longtemps. Moucharde du commandant, elle avait été affectée au Block des N N où se trouvait Germaine Tillion. Brutale et dangereuse, elle haïssait tout spécialement Germaine.

\* Air de….

1. *Après 6 nuits de veille* [1]
   *Quand, le dimanche matin,*
   *Nous crevons de sommeil,*
   *Un cri retentit, qu'on connaît bien,*
   *Schnell, los, raus* [2], *en bas,*
   *Cette semaine on ne dort plus*
   *C'est l'ordr' du commandant*
   *D'faire le recensement*
   *D'tous les cure-dents.*

*Refrain*

> *Elle est en peau de vache*
> *C'est une vieille ganache,*
> *À la patte qui n'tient plus* [3],
> *À la cervelle tordue...*
> *Avec not'peau de vache*
> *Nous jouons à cache-cache...*
> *Mais le moment venu,*
> *Gare au coup de pied au c.*

2. *Si vous tombez malade,*
   *Elle vous suit comme un chien...*
   *Inventant des brimades,*
   *Et vous traquant dans tous les coins...*
   *N'vous asseyez pas par terre,*
   *N'vous abritez pas du vent*
   *C'est l'ordr' du commandant*
   *Qu'les malades soient dans les courants d'air*

---

1. Veille. Travail de nuit.
2. Schnell, los, raus. Interjections allemandes : vite ! allez ! ouste, sortez !
3. À la patte qui n'tient plus. Käthe avait une jambe raide.

*Refrain*

3. *Quand on travaille dehors,*
   *Au r'tour on est pressé,*
   *Au coin du corridor*
   *Devinez qui vous rencontrez ?*
   *Kate, qui n'a rien à faire,*
   *Vous crie d'un air colère*
   *C'est l'ordre du commandant*
   *Que vous ne pissiez qu'une fois par an...*

*Refrain*

4. *Kate qui, toute la journée,*
   *A joué les boxeurs,*
   *Les ténors peu légers,*
   *Se souvient le soir qu'elle a un cœur*
   *Elle se lance avec ardeur*
   *À la r'cherche de l'âme-sœur...*
   *Quand elle ne la trouve point*
   *Nous sommes sûres de poser*[1] *l'lendemain.*

*Refrain*

**Le naturaliste**. – Du point de vue juridique et administratif, la situation du Verfügbar est rien moins que claire.

**Un triangle noir** [*Fort accent.*] – Travaille, los, schnell, aufzehrin[2]...

**Le chœur** [*Désinvolte.*] –... m'en fous.

1. Poser. Punition qui consiste à laisser les femmes debout 2 heures, 4 heures, 6 heures et jusqu'à 24 heures de suite.
2. Aufzehrin. Transcription à la française de *Aufseherin*, gardienne.

**Triangle noir**. – Mais on va t'envoyer en transport…

**Le chœur** [*Air fort.*] – Moi je ne pars pas en transport.

**Triangle noir** [*Impressionné.*] – Pourquoi ?

**Le chœur**. – Parce que je suis du blok 32 [1]…

**Triangle noir**. – Pourquoi es-tu du blok 32 ?

**Le chœur**. – Parce que je suis N N.

**Triangle noir**. – Qu'est-ce que ça veut dire N N. [2] ?

**Le chœur**. – Ça veut dire que je ne pars pas en transport.

**Triangle noir**. – Mais pourquoi es-tu N N ?

1. Blok 32. Pour Block 32. Germaine Tillion, détenue NN, y fut affectée de février 1944 à janvier 1945 ; il était tout au fond du camp, le dernier. À partir de janvier 1945, le Block 32 fut entouré d'une clôture de barbelés et on y enferma les jeunes mères avec leurs bébés, dont une partie disparut.

2. N N Nacht und Nebel. Les détenues N N étaient affectées au Block 32, avec les jeunes survivantes polonaises des « expériences médicales » et tout un groupe de prisonnières de guerre soviétiques. Elles n'avaient pas le droit d'aller travailler en dehors du camp, pas le droit de correspondre sur la carte réglementaire avec leurs familles, pas le droit de recevoir des colis.

Ce n'est qu'à la Libération qu'elles ont appris qu'elles devaient à tout moment rester à la disposition des bureaux de la Gestapo du camp, qui pouvait recevoir l'ordre de les faire disparaître, en vertu d'un décret du général Keitel de 1941. C'était une mesure de terreur imaginée par Hitler pour que la Résistance ne puisse pas honorer ses héros, perdus corps et biens.

**Le chœur**. – Parce que je suis du bloc 32. [Grand silence méditatif]

**Triangle noir**. – N N ça veut dire sûrement quelque chose…

**Le chœur**. – Bien sûr… Ça veut dire Nacht und Nebel, nuit et brouillard.

**Triangle noir**. – C'est pas clair…

**Le chœur**. – [*Il chante\*.*]
  *Nous ne sommes pas ce que l'on pense*
  *Nous ne sommes pas ce que l'on dit*
  *Le secret de notre existence*
  *La Gestapo ne l'a pas dit…*

**Le naturaliste**. – Dans ces ténèbres brumeuses la ressource principale de la misérable créature c'est son esprit débrouillard qui peut aller de la chipardise à la chaparderie. Elle fait preuve d'une grande ingéniosité pour la transformation et l'utilisation de tout ce qui lui tombe sous la main. La fameuse chanson, bien connue des lettrés :

  *J'm'peigne avec un pique-feu,*
  *J'm'débarbouille quand il pleut,*
  *J'nai qu'une assiette plate,*
  *Pour m'laver les pattes…*

a été certainement écrite par un ancêtre lointain du Verfügbar, lequel parvient à se procurer au

\* Air de *Trois valses*.

Bekleidung [1] l'assiette plate et le pique-feu exigés par l'hygiène...

En dehors de l'esprit d'organisation dont nous venons de parler le Verfügbar n'a que trois ressources stables qui sont sa rapidité, sa ruse, et l'appel des tricoteuses [2]...

**Le chœur**. – Vous oubliez quelque chose, monsieur le naturaliste...

**Le naturaliste** [*D'un air supérieur.*] – Ce n'est pas mon habitude... De quoi s'agit-il ?

**Le chœur**. – Devinez, monsieur le naturaliste...

**Le naturaliste**. – Voyons un peu... C'est gros, c'est lourd... Aidez-moi...

---

1. Bekleidung. Entrepôt des vêtements. En réalité, entrepôts pour tout le butin du pillage des SS à travers l'Europe occupée : vêtements, literie, vaisselle, pianos, médicaments, rideaux, etc. Ce butin remplissait de nombreuses halles, immenses ; les prisonnières devaient en décharger et trier le contenu. Le butin arrivait par wagons entiers et les Françaises avaient surnommé la colonne du *Bekleidung* : « les wagons ». Germaine Tillion fut un beau jour attrapée et contrainte d'aller aux « wagons ». C'est là que, cachée dans une grande caisse et protégée par ses camarades, elle écrivit son opérette.

2. L'appel des tricoteuses. Les tricoteuses, détentrices d'une carte rose, devaient aussi faire le second appel du matin, l'appel du travail, sur l'allée centrale du camp, avant de regagner leur Block. Un Verfügbar audacieux pouvait se faufiler dans leurs rangs. L'appel général, dit *Zählappel*, pour compter (*zählen*) la totalité des détenues, avait lieu deux heures plus tôt, soit à 4 heures du matin, devant chaque Block, sur dix rangs, les petites devant et les grandes derrière.

71

**Le chœur**. – C'est très gros, très grand, et ça ne tient aucune place… Et c'est léger, léger, aussi léger qu'un Verfügbar qui n'a qu'une « journée-lord-maire »…

**Marguerite** [*se lève et chante.*]
*Dans mon cœur il est une étoile**
*Qui m'inonde de ses rayons*
*Elle brille dans mes yeux pâles,*
*Et rutile sous mes haillons…*
*Les grands murs alors disparaissent,*
*Mon pays m'apparaît soudain*
*Sous son beau ciel plein de tendresse…*
*Ses baisers seront pour demain.*
*C'est l'Espoir que mon âme cache,*
*Défiant les monstres infernaux,*
*Il sourit quand leur voix se fâche…*
*Sous la cravache,*
*Et sous le fouet, bondit plus haut…*

*Un chant très doux, plein d'allégresse,*
*Monte de mon corps amaigri.*
*Doux Espoir, calme ma détresse,*
*Toujours pleine dans ce ciel gris !*

**Le naturaliste**. – Mais quel espoir ? Qu'est-ce que tu peux bien espérer ?

**Le chœur**. – Ça, monsieur le naturaliste, c'est mon affaire… Sachez seulement qu'il se lève à l'orient comme le soleil… et qu'il ne se couche pas à l'ouest [1].

* Air de la *Chanson triste* de Duparc.
1. L'Orient et l'Ouest. Les armées alliées.

Dans mon cœur il est une étoile *
qui m'inonde de ses rayons
Elle brille dans mes yeux pâles,
Et rutile sous mes haillons __
Les grands murs alors disparaissent,
Mon pays m'apparaît soudain
Sous son beau ciel plein de tendresse __
Ses baisers seront pour demain.
C'est l'Espoir que mon âme cache,
Défiant les ~~désastres~~ infernaux,
Il sourit quand leurs voix se fâche __
        Sous la cravache,
Et sous le fouet, bondit plus haut __

Un chant très doux, plein d'allégresse,
Monte de mon corps amaigri.
Douce Espoir, calme ma détresse
Toujours pleine dans ce ciel gris!

* Air de la Chanson Triste de Duparc

**Le naturaliste**. – Ça ne m'intéresse pas… D'ailleurs on m'attend ; et je dois expédier rapidement ce qui me reste à vous dire…

[*Au public.*]

– Signalons brièvement quelques-unes des innombrables contradictions de l'animal : Faible, débile, et pouvant à peine se traîner lui-même, il n'est employé qu'à des travaux de force ; perpétuellement affamé, il n'a rien à se mettre sous la dent et quand on lui propose une prime de nourriture[1] il la refuse… Perpétuellement malade, il montre des signes d'une crainte panique à l'idée d'être soigné[2]…

**Le chœur**. [*Il chante\*.*]

*Quand on simule,*
*Que sans terreur,*
*On peut se dire*
*Simulateur…*
*Il est une chose*
*Il est une chose*
*Il est une chose qu'il faut prévoir :*
*La carte rose*[3]
*La carte rose*
*La carte rose, et le transport noir*[4].

1. Prime de nourriture. C'est la tranche de pain que l'on recevait si l'on acceptait d'aller travailler. Mais comme le Verfügbar refusait le travail…
2. Crainte panique d'être soigné. Car se faire admettre à l'infirmerie ou dans un Block de malades, c'était s'exposer à être liquidé d'une piqûre ou sélectionné pour la chambre à gaz.
3. La carte rose. Carte-dispense de travail pour les personnes âgées. Voir p. 30.
4. Le transport noir. Transport pour l'extermination. Voir p. 31.

**Nénette**. – Mais je ne simule pas, je suis réellement malade…

**Le chœur** [*D'une voix caverneuse.*] – Raison de plus…

**Nénette**. – Mais il me faut de la quinine, J'ai du paludisme…

**Le chœur**. – Taisez-vous ! Surtout pas ça…

**Nénette**. – Mais pourquoi ? C'est trop bête à la fin… Et qu'est-ce que c'est le transport noir ?

**Le chœur**. – Silence !

**Nénette**. – Non ! Pas avant de savoir…

**Le chœur**. – C'est un transport de malades, spécialement débiles mentaux. Est-ce que vous savez, madame la générale, combien une vache donne de lait par jour…

**Nénette**. – Elle ne me l'a pas dit…

**Le chœur**. – Et l'âge de votre mère ?

**Nénette**. – J'avais 4 ans quand je l'ai perdue… Laissez-moi calculer.

**Le chœur**. – C'est tout de suite ou pas du tout… Et combien un mille-pattes a de pattes ?

**Nénette**. – Mille…

**Le chœur**. – Ça suffit ! Vous y avez droit à la carte rose, et au transport, et tout, et tout… comme débile mentale… on s'en doutait.

**Nénette**. – Ça m'est égal… J'irai dans un camp modèle, avec tout confort, eau, gaz, électricité…

**Le chœur**. – Gaz surtout…
[*Petit froid.*]

**Nénette**. – En tous cas, l'appel des cartes roses [1] a du succès… Il faut avoir vu ça… Une procession de truands moyen-âgeux : boiteuses, borgnes, aveugles, des béquilles, des tremblements convulsifs, des bandeaux sur l'œil, des pansements… Sans compter les fous… Et quand on arrive au tournant, après le bunker [2], tout ce monde retrouve miraculeusement qui, sa jambe, qui, sa jeunesse, qui, son œil, et cavale, ventre à terre, vers le blok, faire griller des tartines [3] avant les tricoteuses…

**Le chœur**. – … enfoncée, N.-D. de Lourdes. Et c'est un miracle quotidien…

1. L'appel des cartes roses. Les tricoteuses-cartes roses faisaient aussi l'appel du travail sur l'allée centrale du camp avant de regagner leur Block. Les Verfügbar s'infiltraient dans leurs rangs et s'échappaient en courant pour arriver les premières aux meilleures places : près du poêle, coin avec tabouret, lit du fond loin du regard de la Blokova.
2. Le bunker. Bâtiment cellulaire, le cachot.
3. Griller des tartines. Comble du luxe : arriver à faire griller un reste de pain dur contre le poêle du Block dans la bousculade et les cris.

**Nénette**. – Attention ! Garez-vous…

Les voilà…

[*On entend dans le lointain, d'abord très bas, puis de plus en plus haut, et fortement rythmé par un piétinement de foule en marche, la* Danse macabre\* *de Saint-Saëns, puis les Cartes roses apparaissent dans les accoutrements qu'on connaît… Le chœur recule avec effroi et le naturaliste, que tout le monde bouscule, crie désespérément.*]

– Ma conférence ! Ma conférence ! Laissez-moi faire ma conférence… [*Une fois arrivées sur la scène, les Cartes roses devront courir en faisant du surplace, Annette, au premier plan, fait une danse acrobatique, tombe évanouie, se reçoit sur les mains, et recommence. Ballet échevelé.*]

# Acte II : Été

*L'unique décor est constitué par un long tuyau*[1]
*noir que tient le chœur (on peut le représenter par*
*une grosse corde enveloppée de papier noir).*
*Nous retrouvons nos vieilles connaissances de*
*l'acte I, mais l'allure désinvolte, costumes encore*
*misérables, mais gentiment arrangés, raccommodés,*
*pincés à la taille, les bas sont tirés, etc.*
*Le naturaliste se tient au coin de la scène.*
*Au moment où le rideau se lève, le ballet com-*
*mence. C'est l'été.*

**Ballet**
[*Les girls dansent et chantent**.]
　*Tuyautons, ma mie, en chantant*
　*Tuyauter, youp, c'est la vie*
　*Tuyauter, youp, c'est la vie*
　*Tuyautons, ma mie, en chantant*

**Titine**. – Ça les amuse de rester 11 heures debout,
avec ce poids sur le dos…

---

1. Le tuyau. Long et lourd tuyau que des dizaines de femmes
portaient à longueur de journées pour arroser les travaux de terrassement du camp.

## <u>Acte II : Été</u>

L'unique décor est constitué par un long
tuyau noir que tient le chœur (on peut
le représenter par une grosse corde enveloppée de
papier noir)

Nous retrouvons nos vieilles connaissances de l'acte I, mais l'allure désinvolte, costumes encore misérables, mais
gentiment arrangés, raccommodés, pin-
cées à la taille, les bas sont tirés, etc..

Le naturaliste se tient au coin de la
scène.

Au moment où le rideau se lève le
ballet commence. C'est l'été - -

### <u>Ballet</u>

[Les qu'ils dansent et chantent]:

    Tuyautons, ma mie, en chantant
    Tuyauter, youp, c'est sa vie -
    Tuyauter, youp, c'est sa vie
    Tuyautons, ma mie, en chantant

**Nénette**. – Sans compter 2 heures et demie d'appel, encore debout… Et une demi-heure de rutabagas, toujours debout…

**Lulu de Belleville**. – Mieux vaut mourir debout que vivre à genoux…

**Nénette**. – Je n'ai jamais essayé de vivre à genoux, mais pour ce qui est de mourir debout je trouve qu'on en prend le chemin ici…

**Havas**. – Vous préférez être attelée au rouleau[1] ?

**Nénette**. – Ça a l'avantage d'être spectaculaire…

**Lulu de Belleville**. – Et puis il y a le Cercle d'étude[2] ! Ici on ne peut que chanter…

**Marmotte**. – Ça n'est pas si mal ! Et les brouettes[3] ?

---

1. Le rouleau. Énorme rouleau en béton auquel étaient attelées une dizaine de femmes par des cordes. Il s'agissait d'aplanir le sable ou le sol des allées du camp recouvertes de scories noires.
2. Le Cercle d'étude. Autour de Germaine Tillion, ses camarades réservaient leur place pour l'entendre raconter « les origines de l'humanité », ou encore telle découverte sur la préhistoire, ou encore telle anecdote de ses missions dans les Aurès, aux confins du Sahara.
3. Les brouettes. Appelées aussi « tragues » (du verbe allemand *tragen*, porter), les brouettes étaient de lourdes caisses munies de poignées pour que l'on puisse les porter à deux. Vides, elles étaient déjà très lourdes. Pleines, elles étaient impossibles à soulever. Les détenues vidaient en cachette une partie de leur contenu pour pouvoir les porter.

**Nénette**. – Oh ! l'horreur ! Ça c'est le pire… ça vous casse les bras et les reins…

**Havas**. – Les autres années on les remplissait à ras les brouettes… Et il y avait des chiens policiers qu'on lâchait sur nous quand nous n'allions pas assez vite…

**Nénette**. – Mais, telles quelles, je peux à peine les ébranler… Comment faisiez-vous donc ?

**Lulu de Belleville**. – Demande au chien, y t'expliquera…

**Le naturaliste**. – Mais comment nomme-t-on ces différentes activités ?

**Le chœur** [*D'une seule voix.*] – Le Planirung [1]. [*Il chante\*.*]

> *Puisqu'on ne peut fléchir ces jalouses gardiennes*
> *Ah ! laissez-nous conter nos peines,*
> > *Et nos tourments…*
> *Vainement, depuis des années,*
> *Ils croient nous désespérer.*
> *Derrière leurs portes fermées,*
> *Ils nous ont, en vain, séquestrées.*
> *Les soleils ont pu s'éteindre,*
> *Les nuits remplacer les jours,*
> *Sans gémir, et sans nous plaindre,*
> *Nous planirungons toujours,*
> > *Toujours…*

1. Le Planirung. Pour Planierung, du verbe allemand *planieren*, aplatir. Ensemble des travaux de terrassement.
\* *Le Roi d'Ys.*

**Annette**. – Moi, je me plains !!

**Marmotte**. – Tu es trop difficile…

**Le naturaliste**. – Mais qu'est-ce que c'est exactement ce Planirung ?

**Havas**. – C'est prendre un endroit pas plat, pour en faire un endroit plat…

**Le naturaliste**. – Faire disparaître les rondeurs… Mais quelles rondeurs ?…
Ah ! j'ai compris ! C'est vous les cuisinières du camp…

**Havas**. – Pas du tout ! Nous nous attaquons aux rondeurs géographiques et non aux rondeurs anatomiques… C'est nous qui faisons les routes…

**Le naturaliste**. – Vous êtes terrassières…

**Le chœur**. – Voilà !!

**Dédé de Paris.** [*Elle chante\* tournée vers le chœur.*]
*La route est longue, longue, longue !*
*Travaille sans jamais t'arrêter.*
*La route est dure, dure, dure*
*Surtout si tu es fatiguée…*
*Tu traîneras les lourdes pierres,*
*Tu pousseras les wagonnets,*
*Tu brouetteras de la terre,*

\* Air scout.

*Et sans jamais te reposer...*
*[Tournée vers le public.]*
*La route est dure, dure, dure !*
*Quand on a les pieds écorchés...*
*La route est longue, longue, longue,*
*Pour celles qui n'ont pas à manger...*
*Elles travaillent des heures entières*
*Mais ne la font guère avancer,*
*Car elles remuent beaucoup la terre,*
*Mais surtout sans la déplacer...*

**Le chœur**. – *[Il chante.]*
*La route est longue, longue, longue !*
*Mais nous n'l'avons guère allongée.*
*La route est dure, dure, dure,*
*Mais nous voulons la faire durer...*
*En travaillant des heures entières,*
*Nous n'avons cessé de penser,*
*À laisser quelque chose à faire*
*Pour celles qui vont nous remplacer...*

**Le naturaliste**. – Ça part d'un bon naturel. Pas vouloir tout garder pour soi comme des égoïstes... Le travail c'est la santé.

**Marmotte**. – Nous ne sommes pas des accapareuses...

**Le naturaliste**. – J'étais étonné aussi de la façon réservée avec laquelle vous « bossez » (si j'ose employer cette expression), c'est une réserve calculée...

**Havas** [*saluant.*] – On ne peut rien vous cacher.

83

**Le naturaliste**. – Donc vous pouvez encore chanter quelque chose.

**Le chœur**. – Encore une chanson de route ?

**Le naturaliste**. – Naturellement ! Que pouvez-vous chanter d'autre ? puisque vous êtes terrassières… Ça reste dans votre spécialité.

**Dédé de Paris** [*se détachant du chœur et s'avançant au premier plan*\*.]

*Sur la route, la Grand'route,*
*Un Hes hes* [1] *va gueulant…*
*Sur la route, la Grand'route*
*Trente filles vont chantant…*
*Pas de fleurs à leur corsage,*
*Dans leurs yeux, pas de douceur,*
*Pas de fleurs à leur corsage,*
*Mais de l'espoir plein leur cœur…*
    *Un Hes hes gueulait :*
    *Ah ! Ah ! Ah ! Ah !*
    *Trente filles chantaient :*
    *Ah ! Ah ! Ah ! Ah !*
*Sur la route, la Grand'route,*
*Dès qu'elles l'ont aperçu…*
*Sur la route, la Grand'route,*
*À toutes jambes, elles ont couru…*
*Dans ses bras il a tenu*
*La p'tite qui courait le moins bien…*
*Dans ses bras il l'a tenue* ....................................
.........................................................................................
*Ça lui a cassé les reins*\*…

1. Un « Hes hes ». Un SS.
\* Cette chanson doit être mimée d'une façon très expressive.

**Le naturaliste**. – Ça doit être ça qu'on appelle « l'amour-vache »… Et après ?

**Dédé de Paris**.
*Un Hes hes gueulait :*
*Ah ! Ah ! Ah ! Ah !*
*Vingt-neuf filles couraient :*
*Ah ! Ah ! Ah ! Ah !*

**Le naturaliste**. – Est-ce que c'est fini ?

**Dédé de Paris**. – Comme il vous plaira.
[*Chantant.*]
*Sur la route, la grand'route*
*Vingt-neuf filles vont chantant…*

**Le naturaliste**. – Zut, je vous vois venir avec vos vingt-neuf couplets…
Chantez-moi autre chose.

**Rosine** [*s'avançant au milieu de la scène*\*.]
*– Il pleut sur la route…*
*À travers les gouttes,*
*Dans la nuit j'écoute*
*Si ça ne schlousse*[1] *pas.*
*Mais rien ne résonne,*
*Et mon corps frissonne.*
*À chaque bruit mon cœur bat :*
*Ça ne schloussera donc pas !!*

1. « Schlousse ». Pour *der Schluss* : la fin. Pour les Françaises, guetter si cela va bientôt « schlousser » c'est attendre bientôt le cri annonçant la fin du travail : « Schluss ! ».

**Marmotte** [*D'un ton sinistre.*] – Encore 10 heures et demie avant que ça ne schlousse.

**Havas**. – Non ! Dix heures vingt…

**Nénette**. – Vous êtes sûre ?

**Havas**. – J'ai vu l'heure tout à l'heure au poignet du haricot[1]…

**Marmotte** [*Philosophiquement.*] – Alors ça fait seulement 10 heures 20 avant de pouvoir s'asseoir.

**Nénette**. – Seulement !
[*Soupirs, silence.*]

**Dédé de Paris**. – Eh ! bien moi, je le dis franchement, je n'aime pas ça votre Planirung…
Et je ne vois pas pourquoi vous vous donnez tant de mal pour y rester…

**Havas**. – Premièrement par principe : tu avoueras que ce que nous faisons ici c'est peut-être fatigant mais au moins ça ne sert à rien[2]… Tu nous comprends ?

**Dédé de Paris**. – Oui !

1. Le haricot. SS en uniforme vert.
2. « Ça ne sert à rien… »
Cela ne sert pas à l'effort de guerre allemand.

**Havas**. – C'est pas dommage… Ensuite par comparaison. Tu sais ce que c'est le Betrieb ?

**Dédé de Paris**. – Vaguement… C'est une espèce d'atelier…

**Marmotte**. – Oui… Oui… Ça vaut d'être vu, mais les expériences les plus courtes sont les meilleures… Havas, dis-lui la fable…

**Havas** [*déclamant.*] – Fable de La Fontaine[1] :
Un pauvre Verfügbar, piqué pour la Corvée,
Sous le faix du fardeau, aussi bien que des ans,
Gémissant et courbé, marchait d'un pas pesant,
En tâchant de gagner un bloc hospitalier,
    ou bien d'aller aux cabinets.
Il pense à ses malheurs, il mesure sa misère :
Pas de tartine le soir, Midi sans pommes de terre,
L'appel des Inedienst[2], toujours plus surveillé,
Et l'accès du dortoir, de mieux en mieux gardé.
« Ah ! plutôt le Betrieb ! », dit-il dans un sanglot.
Le Betrieb arriva, le saisit aussitôt.
Le pauvre Verfügbar eut beau montrer ses plaies,
        S'agiter en désespéré,
Le Betrieb le tenait, et le tenait si bien, qu'il y fut
        dès le lendemain.
=== Moralité ===

1. Fable inspirée de « La mort et le bûcheron ».
2. L'appel des Inedienst. Le Verfügbar pouvait se faufiler dans le petit groupe des malades qui n'avaient pas été admis à l'infirmerie mais qui avaient obtenu un billet les autorisant à rester au Block au lieu d'aller travailler. Ils étaient alors de « service intérieur », *Innendienst*. Le billet, comme la malade, s'appelait *Innendienst*.

Ne cherchez pas les coups, ils viendront bien tout
    seuls
Inutile de courir vous faire casser la gueule.
[*Long silence.*]

**Nénette**. – Mais on peut aussi se faire prendre par
le Betrieb sans l'avoir cherché…

**Havas**. – Naturellement… De même que tous les
gens qui meurent ne se sont pas suicidés. En tous cas,
moi je ne suis volontaire ni pour le Betrieb, ni pour le
Crématoire…

**Marmotte**. – Parlons d'autre chose… ces histoires
de Betrieb, ça me fiche le cafard… Moi je sais ce que
c'est…

**Titine**. – Moi aussi…

**Lise**. – Moi aussi…

**Marmotte**. – Parlons d'autre chose…

**Titine**. – J'ai faim !

**Nénette**. – Moi aussi…

**Havas**. – Bon ! Où allons-nous déjeuner ? C'est à
ton tour Titine…

**Titine**. – Nous étions à Avignon…

**Rosine**. – Nous partons en auto le matin, pas trop
tard…

**Marmotte**. – Pas trop tôt non plus… Les petits réveils grelottants, et le footing dans la nuit blême, c'est fini, fini… Je ne prendrai plus jamais un train le matin, et quand il n'y en aura qu'un par jour, je resterai chez moi…

**Rosine**. – Nous partons, en auto, le matin, pas trop tôt…

**Marmotte**. – Bon !

**Rosine**. – Vers midi nous arrivons à Gordes pour déjeuner…

**Marmotte**. – Non, vers onze heures…

**Rosine**. – Pourquoi onze heures ?

**Marmotte**. – J'ai faim, ça m'ennuie d'attendre jusqu'à midi pour déjeuner… Puisque je suis libre, j'ai bien le droit de déjeuner à onze heures, il me semble ?

**Rosine** [*Très conciliante.*] – Mais d'abord tu n'as pas faim. Tu oublies que tu as pris ton petit déjeuner chez Dédé d'Avignon qui t'a offert un énorme bol de chocolat, avec du beurre, du pain grillé, des biscottes, de la confiture, et un quatre-quarts…

**Marmotte** [*Ébranlée.*] – Tu crois ?

**Rosine** [*Avec fermeté.*] – J'en suis sûre !

**Marmotte**.– Alors 11 heures et demie…

**Rosine**. – Si tu veux. La spécialité de Gordes, c'est le gibier… Nous allons commander un perdreau rôti sur canapé, un pâté de lièvre avec une salade, et un soufflé aux confitures…

**Marmotte**. – Comment ? Pas d'entrées, pas de hors-d'œuvre ? et les poissons ? et les légumes ?

**Rosine**. – Ça n'est pas la spécialité de Gordes… Si tu veux on peut prendre des champignons à la grecque comme entrée…

**Havas**. – C'est plutôt un hors-d'œuvre…

**Marmotte**. – Ça ira, pour une fois ; avec une belle salade de tomates et de concombres, et pour finir un petit fromage de chèvre… Et comme vin ?

**Le chœur** [*D'une seule voix.*] – Châteauneuf-du-pape…

**Marmotte**. – Mais nous en avons déjà bu hier…

**Rosine**. – Justement, on y a pris goût.

**Marmotte**. – Et après ?

**Rosine** [*chantant\*.*]
   *1. Nous avons fait un beau voyage,*
      *Dédaignant autos et wagons,*

\* Air de *Ciboulette*.

*Un tuyau comme tout bagage,*
*Toujours vers l'ouest, nous voguons...*
    *Nous avons dégusté*
    *Du beurre et du pâté,*
    *D'la crème en Normandie,*
    *Et du fromage en Brie...*
    *À Riec, savourons*
    *Coquilles et belons,*
    *Bénissant Mélanie*
    *Et sa tabl'bien garnie...*


*2. Nous avons fait un beau voyage,*
   *Nous arrêtant à tous les pas,*
   *Et goûtant, dans chaque village*
   *De bons vins et de bons repas...*
    *Nous mangeons avec joie*
    *Le foie gras strasbourgeois,*
    *Et celui d'Aquitaine,*
    *Puis la quiche lorraine...*
    *Sur la côte atlantique,*
    *Nous dînons de homard...*
    *Le Riesling rend lyrique,*
    *Aux Trois-Têtes, à Colmar...*


*3. Nous avons fait un beau voyage*
   *Dans tous les jolis coins de France...*
   *Le sourire sur tous les visages*
   *Faisant joyeusement bombance...*
    *Nous avons dégusté*
    *Toutes les spécialités :*
    *À Vire de l'andouille,*
    *À Nice la ratatouille,*
    *À Aix, le calisson,*
    *À Lyon, le saucisson,*

*Madeleines à Commercy,*
*Bergamotes à Nancy...*

4. *Nous avons fait un beau voyage...*
   *Batifolant à travers prés,*
   *Nous abritant sous les ombrages*
   *Rêvant de l'aube à la vesprée...*
           *Avec du romanée,*
           *Nous avons déjeuné*
           *De potée bourguignonne,*
           *De jambon de Bayonne,*
           *De gratin dauphinois*
           *Et de poulets bressois,*
           *De canards rouennais,*
           *De pruneaux agenais.*

5. *Nous avons fait un beau voyage*
   *Nous asseyant au bord de l'eau*
   *Écoutant sous le vert feuillage,*
   *Le vent bruire dans les roseaux.*
           *Goûtons chez l'Amiral*
           *Sa tomate provençale,*
           *À Bar les confitures,*
           *Sur l'Aisne, une friture*
           *La truite au bord du gave* [1]
           *Et du miel à Uriage,*
           *Champagne à Épernay*
           *Vin rouge en Bordelais...*

6. *Nous avons fait un beau voyage*
   *Visitant villes et musées...*
   *Et laissant l'auto au garage,*
   *Dans les rues, nous avons musé...*

---

1. Gave. Torrent pyrénéen.

4 Nous avons fait un beau voyage --
Batifolant à travers prés,
Nous abritant sous les ombrages
Rêvant de l'aube à la vesprée --

        Avec du Romanée
        Nous avons déjeuné
        De potée bourguignone,
        De jambon de Bayonne,
        De gratin dauphinois
        Et de poulets Bressois,
        De canards rouennais,
        De pruneaux agenais

3 Nous avons fait un beau voyage
Nous asseyant au bord de l'eau
Écoutant sous le vert feuillage,
Le vent bruire dans les roseaux

        goûtons chez l'Amiral
        La tomate provençale,
        A Bar, les confitures,
        Sur l'Hisin, une friture,
        La truite au bord du gave
        Et du miel à Uriage,

*Nous avons savouré*
*Des galettes beurrées*
*Et du cidre mousseux*
*Au Haras très fameux…*
*Nous avons comparé,*
*Sans pouvoir prononcer*
*L'eau-de-vie de Cognac*
*Et celle d'Armagnac…*

**Marmotte** [*joignant les mains.*] – Un petit verre d'Armagnac ! ! Je ne me souviens presque plus… C'était fort, ça sentait la fleur…

**Havas**. – Ça ne donnait pas la typhoïde…

**Titine**. – J'en ai soif rien que d'y penser… Avant, j'avais seulement faim…

**Havas** [*Mélancoliquement.*] – Seulement !!

**Bébé**. – Je voudrais tant manger quelque chose… Quelque chose qui ait un goût de sucré… Un goût de beaucoup…

**Havas**. – Devinez ce que nous aurons aujourd'hui pour déjeuner ?

**Le chœur** [*D'une seule voix.*] – Du RUTABAGA… [*Il chante\*.*]
*Le matin, avant qu'le soleil*
*Soit levé au-dessus de l'horizon*
*Voilà la sirène qui nous réveille :*
*Il faut se lever et l'on est grognon…*

\* Air de la Chicorée Villot.

*C'est alors qu'une odeur infecte*
*Envahit soudain tout le camp...*
*Et cette odeur, puante et suspecte,*
*Nous savons bien d'où ça vient...*
     *Ça vient d'la cuisine,*
*C'est quelque chose que l'on fait cuire pour*
*not'repas*
          *Rutabaga !*
     *On gonfle ses narines*
*Il n'y a pas de doute, ça en est, ou ça en s'ra*
          *Rutabaga !*
     *Et la bonne combine*
*Vous en aurez plein vot'Schüssel pour vot'repas*
          *Rutabaga !*
     *Cette chose superfine*
     *J'l'dis tout bas :*
     *Ça s'ra du rutabaga...*

[*On entend un grand bruit de ferraille, une bande de truands se jette sur le tuyau et l'arrache aux mains de nos amies en poussant des hurlements sauvages. Les nôtres ne tentent d'ailleurs aucune résistance et abandonnent leur tuyau avec philosophie, puis se regardent un long moment en silence.*]

**Nénette**. – Que signifie cette attaque ?
Qu'est-ce que nous leur avons fait ?

**Titine**. – Vous inquiétez pas, madame Nénette, c'est leurs façons qui sont comme ça....
Sûrement qu'on va nous mettre au rouleau.

[*Nouvelle série de hurlements et de bruits de ferraille. Nos camarades, dont beaucoup s'étaient accroupies par terre, se relèvent en soupirant et disparaissent dans la coulisse. On les voit ensuite reparaître en halant sur des cordes de façon très spectaculaire. L'orchestre exécute, bouches fermées, l'air des* Bateliers de la Volga\*. *Brusquement toutes s'arrêtent et s'assoient par terre.*]

**Nénette**. – Chantons quelque chose…

**Lulu de Belleville**. – Non ! On chante au tuyau. Au rouleau, on reprend le Cercle d'étude…

**Marmotte**. – Telle est la tradition !

**Nénette**. – Justement, je suis traditionaliste. Voilà une occasion…

**Lulu de Belleville**. – On reprend le cours d'allemand… Tout le monde connaît l'expression « se faire raouster[1] »…

**Havas**. – Oui ! Et il faut reconnaître que c'est plus court et plus expressif que la traduction française « se faire mettre dehors à coups de pied dans le bas du dos », comme dirait notre amie la comtesse Nénette…

**Nénette**. – Ne vous fichez pas de moi…

**Lulu de Belleville**. – C'est comme schlouss, tout le monde sait ce que ça veut dire…

1. « Se faire raouster ». Se faire sortir, de l'expression allemande *raus* (sortez ! ouste !).

**Havas**. – Enfin... Ça dépend des âges et des conditions. À ton âge ça veut dire « rutabaga » ou « farine moisie » suivant que c'est midi ou le soir. Pour Nénette ça veut dire qu'on peut s'asseoir... etc.

**Nénette**. – Qu'est-ce que c'est qu'un coiffe-tout [1] ?

**Havas**. – On dit aussi cache-tout...

**Lulu de Colmar**. – Je ne connais que l'allemand classique, je me récuse... Mais j'arrive quand même à me faire comprendre...

**Marmotte**. – Un coiffe-tout, comme le nom l'indique, c'est quelque chose qu'on se met sur la tête...

**Nénette**. – Ce qui me frappe c'est l'influence du français. Ainsi Officierine [2], Soupova [3]... Et le matin on nous crie « C'est l'Appel » [4] pour nous faire lever.

**Lulu de Colmar**. – Zähl Appel... Ça signifie « Appel numérique » et stubova ça veut dire « chef de chambre » en charabia polono-allemand...

1. Coiffe-tout et cache-tout. Les Françaises traduisaient ainsi le mot allemand qu'elles entendaient : *Kopftuch*, foulard de tête.
2. Officierine. Adaptation française de *Aufseherin*, gardienne.
3. La Soupova était pour les Françaises la *Stubova* (chef de chambrée en argot tchèque) qui distribuait la soupe.
4. Les Françaises entendaient « C'est l'appel » pour *Zählappel*, appel ordinaire où l'on comptait les prisonnières, Block par Block.

**Nénette**. – J'ai aussi entendu parler des Double-Forches[1]...

**Lulu de Colmar**. – ... Bible Forscherin !

**Marmotte**. – Zut. On dit les deux. Les Double-Forches se reconnaissent à leur triangle violet... On les appelle ainsi parce qu'il faut une voiture pour les conduire à l'appel[2] et des Aspirines[3], et des chiens et des Bâtons et un nuage hurlant de Lager Polizer[4]...

**Le chœur**. – Nous savons... nous avons vu...

**Nénette**. – Quand il n'y a que deux côtés, pourquoi les appeler BZ et AZ[5] comme des autobus ?

**Marmotte**. – Mystère et guestapo !

**Bébé**. – Et le strass-blok[6] ?

1. Elles entendaient aussi Double-Forches, pour *Bibelforscherin*, scrutatrices de la Bible ou Témoins de Jéhovah.
2. Une voiture pour les conduire à l'appel. Parfois les Témoins de Jéhovah, suivant aveuglément une interprétation de la Bible, refusaient d'aller à l'appel. Les SS les y traînaient de force, sous les coups, dans des voitures à bras tirées par des prisonnières, sous les vociférations des gardiennes, des chiens, etc.
3. Aspirines. Autre surnom des *Aufseherin*.
4. Les Lager Polizer, en allemand, *Lagerpolizei*, étaient les détenues auxiliaires des SS pour la police du camp.
5. BZ et AZ. Allusion aux deux ailes des Blocks, séparées par l'entrée et le bureau de la chef de Block SS : la *Blockführerin*. On disait aile A et aile B (*Flügel A* et *Flügel B*) ou *A Seite* et *B Seite* (côté A et côté B), entendu AZ et BZ par les Françaises.
6. Strass-blok. Prononciation française du *Strafblock*, block disciplinaire (voir p. 51), d'où une confusion constante avec *Strasse* (rue, route, trottoir).

**Lulu de Colmar**. – … schtraf !

**Lulu de Belleville**. – Tout le monde dit « strass ».

**Rosine**. – Schtraf, ça fait pédant…

**Lulu de Colmar**. – Ça va, je me tais…

**Nénette**. – Moi ce que je veux, c'est me faire comprendre…

**Marmotte**. – Alors ne perdez pas votre temps avec Goethe et Lulu de Colmar et écoutez-moi bien : « strass », ça veut dire « rue », on dit aussi : « Lagerstrass », « Wilhelmstrass », etc. Le Strass-Block, comme son nom l'indique, est un bloc spécial pour les dames du trottoir qui ont maladroitement juloté, ou les julots qui ont trop Klepsi-Klepsi [1]…

**Nénette**. – Klepsi-Klepsi qu'est-ce que ça veut dire ?

**Havas**. – Ça vient du grec comme kleptomane… On dit aussi « organiser », « récupérer », « acheter », etc. Les Allemands disent : « comme ci comme ça »…

**Nénette**. – Ça ne semble pas trop difficile… Il y a aussi un nom que j'entends tout le temps ; je voudrais

1. Klepsi-klepsi. Argot de camp pour « chaparder ». Curieusement, les Allemands utilisaient dans le même sens l'expression française « comme ci, comme ça ».

savoir exactement ce que c'est… Parlez-moi de l'ArbeitErsatz [1]…

**Marmotte**. – Non !

**Nénette**. – Et vous Havas ?

**Havas**. – Non ! générale. Demandez-moi ma vie, la ficelle qui tient ma culotte mais ne me demandez pas ça !

**Titine**. – Touchez du bois et du fer. Rien que de prononcer le nom, ça porte malheur… Et, cette nuit, j'ai rêvé d'un chat noir. Moi je vous le dis, il va nous arriver quelque chose aujourd'hui…

**Nénette**. – Je veux bien. [*Elle touche du bois et du fer.*] Et maintenant Lulu expliquez-moi !

[*Lulu de Colmar s'exécute avec répugnance, les autres s'éloignent ostensiblement.*]

**Lulu de Colmar**. – Vous l'apprendrez, croyez-moi, et plus vite que vous ne voudrez… c'est par là que tous les malheurs commencent. Moi qui vous parle, j'y suis passée 6 fois [2]. Une fois, ça m'a conduit en transport. J'étais mourante quand on m'a ramenée ici. Ils avaient oublié que j'étais NN. Heureusement

1. Arbeit-Ersatz. En réalité *Arbeitseinsatz*, bureau d'embauche du camp. Jeu de mots avec l'ersatz de travail qui serait un succédané de travail comme il y avait pendant la guerre des ersatz de sucre, de confiture, de miel, de caoutchouc, etc. Les Verfügbar ne fourniraient que de l'ersatz de travail.
2. J'y suis passée 6 fois. Six fois elle a été envoyée au travail par le bureau d'embauche : l'*Arbeitseinsatz*.

ils s'en sont aperçu juste à temps pour moi. Entre parenthèses, si je n'avais pas été NN, je serais morte à l'heure actuelle… Une autre fois j'ai failli entrer chez Siemens [1]. Plus de peur que de mal. La troisième fois c'était pour le Betrieb des Peaux de Lapins. Je m'en suis tirée avec une côte cassée, j'ai toujours eu de la chance. J'en passe. La dernière fois, c'était en janvier, nous étions 60 qui avons posé devant la porte depuis l'appel du matin jusqu'à celui du soir. Dans ce temps-là on remettait ça le soir. Il neigeait, avec des tourbillons, quelques-unes pleuraient de froid, deux se sont évanouies… Quand on nous a fait entrer, la nuit était tout à fait noire. C'était pour nous demander si nous savions jouer du piano. Il n'y a pas eu de suites.

**Nénette**. – Mais pourquoi ?

**Lulu de Colmar**. – Il n'y a pas eu de suites, alors on ne peut pas savoir… J'ai dit, comme tout le monde… C'est connu : les Françaises ne savent jamais rien faire… Il a fallu 10 minutes pour nous faire toutes défiler…

**Nénette**. – Je vous croyais pianiste…

**Lulu de Colmar**. – Je suis Premier Prix du Conservatoire…

1. Chez Siemens. Les usines Siemens de la région de Berlin avaient demandé à la direction de Ravensbrück de la main-d'œuvre féminine quand le gouvernement leur a pris « leurs juifs » pour les « transporter à l'Est » c'est-à-dire pour les assassiner. Des ateliers Siemens ont alors été créés dans des baraques contiguës au camp.

**Titine**. – Parlons d'autre chose…

**Nénette**. – Volontiers ! Mais de quoi… Rosine chantez-nous quelque chose…

**Rosine**. – Le cœur n'y est pas…
[*Silence.*]

**Lulu de Belleville**. – J'ai rêvé de maman cette nuit…

**Bébé**. – Moi j'étais dans le jardin de mon grand-père. Je ramassais des prunes… Quand je me suis réveillée et que je me suis vue ici, j'ai pas pu m'empêcher de pleurer…

**Havas**. – J'ai bien vu que tu faisais une drôle de tête ce matin…

**Marmotte**. – C'est toujours au réveil que c'est le plus dur…

**Havas**. – On est tout ramolli par la nuit, on a retrouvé son âme d'avant, et on voit avec nos vrais yeux toutes les horreurs du camp… Et puis vite on retrouve sa carapace…

**Lulu de Colmar**. – Il faut toujours la garder sous la main…

**Lulu de Belleville**. – Moi je ne m'habituerai jamais.

**Havas**. – Il ne faut pas s'habituer. S'habituer c'est accepter. Nous n'acceptons pas, nous subissons…

**Lulu de Belleville**. – J'aurais jamais cru que je regretterais la prison.

**Marmotte**. – C'est drôle : pour les choses vraiment terribles, on ne pleure pas.

**Lulu de Belleville**. – Quand on m'a arrêtée, je n'ai pas versé une larme, et quand on m'a interrogée non plus…

**Nénette**. – On t'a battue ?

**Lulu de Belleville**. – Et comment ! Des coups, pas la baignoire[1]. On ne faisait pas encore la baignoire… Mais j'ai quand même passé 3 mois à l'infirmerie, après. Ils ont arrêté Papa, mais pas Maman. C'était en 41. En 43 ils l'auraient arrêtée, et peut-être mon petit frère avec, qui a 6 ans…

**Nénette**. – Quand ils m'ont dit que mon fils était fusillé je n'ai pas pu pleurer. C'est 6 mois après quand j'ai reconnu son écriture sur l'étiquette de mon colis, à Fresnes, quand j'ai compris qu'il était vivant et libre… Je ne pouvais plus m'arrêter.

---

1. La baignoire. Supplice de la baignoire. Les gestapistes déshabillaient de force leur victime et l'immergeaient dans une baignoire d'eau froide, lui maintenant la tête sous l'eau. Quand la victime se débattait, les gestapistes lui lâchaient la tête et posaient leurs questions. En l'absence de réponse, ils recommençaient le manège. Parfois, ils obligeaient en plus la prisonnière à boire de l'eau, ou bien ils lui liaient les pieds et les mains.

**Lulu de Belleville**. – Un jour chez Siemens, j'ai dit le nom de mon plus petit frère, comme ça, sans y penser… Je me suis mise à pleurer, je ne pouvais plus m'arrêter…

**Titine**. – Dites, madame Nénette, est-ce que nous serons à Noël chez nous ?

**Nénette**. – Mais naturellement !

**Havas**. – De quelle année ?

**Titine**. – Il ne faut pas plaisanter avec ça.

**Havas**. – En 42, déjà, nous étions si sûres à Fresnes[1]…

**Marmotte**. – Ce que c'est long !

**Titine**. – Mais qu'est-ce que font ces Américains ! Mais qu'est-ce qu'i font ? C'est pas Dieu possible de prendre son temps comme ça…

**Lulu de Belleville**. – Si j'ai jamais un caprice[2] de New York, pour sûr que je lui donnerai pas rendez-vous devant une station de métro… J'en ai assez d'être debout !

1. Fresnes. Grande prison de la région parisienne, en banlieue sud.
2. Un caprice. Amoureux de passage.

**Nénette**. – Dans un salon de thé bien chauffé, avec un bon fauteuil, du porto, et des tas de petits gâteaux…

**Lulu de Belleville**. – J'aime mieux les gros !

**Havas**. – S'il y en a beaucoup de petits…

**Lulu de Belleville**. – C'est pas pareil ! Je veux quelque chose de gros, dans quoi on puisse mordre, un baba comme ma tête, avec beaucoup de crème…

**Nénette**. – Il faudra expliquer ça à ton Américain…

**Bébé**. – Moi je lui demanderai un saint-honoré.

**Marmotte**. – Une simple brioche, mais énorme ! Avec de la confiture d'orange… Oh ! de la confiture d'orange !

**Lulu de Belleville**. – Du pain ! Du pain blanc de chez nous… Une grande flûte d'un kilo…

**Havas**. – La conversation dévie…

**Marmotte**. – C'est toujours comme ça…

**Titine**. – C'est trop dur ; on en a assez à la fin…

**Bébé**. – Je <u>veux</u> maman…

**Marmotte**. – Tu l'auras bientôt ta maman… Encore un peu de patience…

**Bébé**. – Mais quand ? Avant Noël ?

**Havas**. – Bien sûr ! Quelle question ! On rentre chez nous pour le 11 novembre…

**Titine**. – Quand c'est toi qui me le dis, ça me donne confiance.

# Acte III : Hiver

*La scène[1] représente un tas d'objets hétéroclites : des sacs, des vieilles bottes, des caleçons déchirés, des fourrures, un cheval mécanique, du linge de table de toute beauté, des paniers de vaisselle et d'argenterie...*

*Au milieu de ce bric-à-brac, nos ex-girls du tuyau sont assises, ou plutôt accroupies, somptueusement vêtues mais l'air accablé...*

**Marmotte**. [*Elle arrive sur la scène et chante pathétiquement\*.*]

    *J'ai perdu mon Inedienst[2],*
    *Rien n'égale mon malheur,*
    *Sort cruel, quel supplice,*
    *Rien n'égale mon malheur.*
    *Inedienst ! Inedienst !*
    *Mortel silence,*

1. La scène se passe à la « colonne des wagons », appelée administrativement le *Bekleidung*, où les détenues devaient trier et ranger dans d'immenses halles le butin ramassé par les SS dans l'Europe occupée.

\* Grand air d'*Orphée* « J'ai perdu mon Eurydice ».

2. Inedienst. Billet d'Innendienst (de service intérieur) qui vous reconnaissait malade et vous permettait de rester au Block (voir p. 87).

# Acte III : Hiver

La scène représente un tas d'objets hétéroclites : des sacs, des vieilles bottes, des caleçons déchirés, des fourrures, un cheval mécanique, du linge de table de toute beauté des paniers de vaisselles et d'argenterie — —

Au milieu de ce bric-à-brac, nos ex-girls du tuyau sont assises, ou plutôt accroupies, somptueusement vêtues mais l'air accablé — —

Marmotte [ Elle arrive sur la scène et chante pathétiquement ] :

— J'ai perdu mon Inedienst,*
Rien n'égale mon malheur,
Sort cruel, quel supplice,
Rien n'égale mon malheur.
Inedienst ! Inedienst !
Mortel silence,

—————————————————————

* grand air d'Orphée "J'ai perdu mon Eurydice".

*Vaine espérance !*
*Quelle souffrance*
*Torture mon cœur.*
*J'ai perdu mon Inedienst,*
*Rien n'égale mon malheur.*
*Sort cruel, quel supplice !*
*Il succombe à ma douleur*
*À ma douleur, à ma douleur...*

**Le chœur**. – Toi aussi ! Ils t'ont eue tout de même... Tu as quitté la Schlaft Colonne [1] ?

**Marmotte**. – Pas pour longtemps je vous en réponds... C'est très dur ici [2] ?

**Le chœur**. – Ça dépend des jours... Nous devons charger et décharger des wagons, traîner des sacs plus gros que nous... Si on tombe on reçoit des coups de bâtons ou des coups de pieds dans le ventre, ça dépend...

**Marmotte**. – De quoi ça dépend ?

**Le chœur**. – S'il n'y a pas de bâtons c'est des coups de pieds. S'il y a un bâton c'est les deux...

**Marmotte**. – Programme charmant !

1. Schlaft Colonne. De *schlafen*, dormir. Marmotte n'a plus son billet d'*Innendienst* et ne peut plus se cacher au Block avec l'équipe des travailleuses de nuit qui dormaient dans la journée. L'auteur se cachait souvent parmi les dormeuses et avait inventé pour ce groupe silencieux le nom de Schlaft Colonne.
2. Ici. La scène se passe au *Bekleidung*, au déchargement et au tri du butin des SS.

**Lulu de Colmar**. – Ne te plains pas d'avance, y a pire. Actuellement il n'y en a qu'un de vraiment méchant et encore il ne bat que deux ou trois femmes par jour en moyenne... Au grand Betrieb ils battent tous, et il y en a un qui bat ses trente femmes par jour, 180 par semaine, et le dimanche aussi quand ça se trouve, ça ne le fatigue pas...

**Marmotte**. – Et elles ?

**Lulu de Colmar**. – Ça les fatigue... Mais quand elles ont quelque chose de cassé, elles vont au Revier[1] et ça leur fait quelques jours de vacances...

**Marmotte**. – C'est juste, c'est à considérer... [*Silence méditatif.*]
– Et quand il n'y a pas de wagons qu'est-ce qu'on fait ?

**Le chœur**. – Tu dois trier les ordures par catégories...

**Marmotte**. – Quelles catégories ?

**Le chœur**. – Moi, pas savoir. D'ailleurs de toutes façons, tu te trompes tout le temps... et puis ça change...

**Marmotte**. – Alors ?

1. Le Revier. L'infirmerie.

**Le chœur**. – Alors à la grâce de Dieu ! Tout n'est pas vérifié… et quand c'est vérifié, eh bien ! tu vas à l'infirmerie[1]…

**Marmotte**. – Tout simplement… Je n'y pensais plus…

[*Un temps.*]

– J'ai envie de m'en aller…

**Le chœur**. – Excellente idée… On t'accompagne.

**Une voix**. – Attention ! Un wagon. [*Les girls le lèvent et disparaissent dans les coulisses, trois danseuses étoiles apparaissent, un gros ballot sur l'épaule et dansent le French Cancan pendant que le reste du chœur fait l'orchestre et chante*.]

> Et l'on s'en fout
> D'attraper des torgnoles
> Et l'on s'en fout
> Si l'on rigole
> Un coup…

[*Avec accompagnement de grognements, trépignements et boîtes de conserve entrechoquées. Après un ballet très échevelé, toutes les girls tombent assises dans le tas avec un soupir…*]

**Lulu de Paris**. – Ouf ! ça y est ! [*Havas et Marmotte sortent à quatre pattes du tas.*]

---

1. En cas de contrôle, la prisonnière prise en défaut était tellement battue qu'elle devait aller à l'infirmerie.

III 4 – Et quand il n'y a pas de wagons qu'est-ce qu'on fait ?

Le chœur : – Tu dois trier les ordures par catégories – –

Marmotte : – quelles catégories ?

Le chœur : – Ⅎ Moi, pas savoir, D'ailleurs de toutes façons, tu te trompes tout le temps – – et puis ça change – –

Marmotte : Alors ?

Le chœur : – Alors à la grâce de Dieu ! Tout n'est pas vérifié – – et quand c'est vérifié, eh bien ! tu vas à l' infirmerie – –

Marmotte : – Tout simplement – – –
je n'y pensais plus – –
[Un temps]
– J'ai envie de m'en aller – –

Le chœur : – Excellente idée – – On t'accompagne.

Une voix : – Attention ! un wagon –
[Les girls le lèvent et disparaissent

**Havas**. – C'est fini ? Qu'est-ce que c'était ? Du lourd ?

**Nénette**. – Non ! Soyons justes. Pour une fois ça allait…

**Havas**. – Mais qu'est-ce que c'était ?

**Lulu de Colmar**. – Des édredons…

**Marmotte**. – La prochaine fois j'essaierai… [*Un temps.*]

**Lulu de Paris**. – Qu'est-ce qu'on fait ?

**Rosine**. – Il faut reprendre la revue… Où en étions-nous ?

**Lulu de Belleville**. – À la valse des Récupérateurs, [*Elle chante, très faux\*.*]
  *Nous ne sommes pas des voleurs,*
  *Vraiment c'est trop bête,*
    *Bête.*
  *Des récupérateurs,*
  *Ça c'est bien plus chouette,*
    *Chouette.*
[*Silence.*]

**Havas**. – Après ?

**Lulu de Belleville**. – C'est tout.
[*Silence.*]

**Titine**. – Hier Madame Nénette a trouvé un os dans sa soupe…

**Tout le groupe** [*Très intéressé.*] – Pas possible ?

**Nénette**. – Et puis qu'il était bon ! Je l'ai gardé pour le ressucer dimanche à l'appel…
[*Silence concentré.*]

**Lulu de Belleville**. – C'était un os de quoi que vous avez trouvé ?

**Lulu de Colmar**. – Vingt-deux !

**Havas**. – De Verfügbar…

**Lulu de Colmar**. – Vingt-deux, je vous dis, deux fois onze ! Vous êtes sourdes ?

[*Un carton découpé qu'on manœuvre avec des ficelles, et représentant Vingt-Deux, se déplace sur le fond avec accompagnement de bruits de bottes et hurlements gutturaux.*]

**Havas** [*comptant avec ardeur.*] – Vingt-deux, vingt-trois, soixante-quinze, quatre-vingts, merde, *vobis cum*, salsifis, haricot vert, asticot…

**Lulu de Colmar**. – Te fatigue plus ! [*Havas rejette les objets qu'elle comptait dans une corbeille.*]

**Marie-Anik**. – Reprenons la revue…

**Titine**. – Il y a un stock de chaussettes neuves dans la Halle 4 et les camarades du dernier transport n'ont rien à se mettre. Qui vient avec moi ?

**Lulu de Colmar, Lise, Bébé.** – Moi !

**Havas.** – Va, cours, vole[1], et nous venge[2]…

**Lise** [*se retournant.*] – On fera de son mieux.

**Lulu de Belleville** [*D'une voix implorante.*] – Si on parlait encore de l'os ?

**Havas.** – Tu me dégoûtes, tu ne penses qu'à la nourriture. Un peu de tenue !
[*Silence.*]
[*À Nénette.*] – Il était gros comment votre os ?

**Nénette.** – Comme mon petit doigt, ou même un peu plus… Mais pas aussi long naturellement… Il pouvait avoir dans les 4 centimètres…

**Rosine** [*se secouant.*] – Il faut <u>absolument</u> essayer de sortir de cet os… Je vais vous raconter l'histoire de Sympathie[3], et <u>avé l'accent</u>…

**Le chœur.** – Oui.

---

1. Vole. Elles partaient en expédition pour voler vêtements, linge, médicaments, etc., qu'elles rapportaient ensuite à leurs camarades en les passant adroitement à la fouille.
2. Citation tirée du *Cid*, de Corneille.
3. Sympathie. Pour tenter de sortir ses camarades de leur apitoiement sur elles-mêmes, Rosine décrit la lente agonie de celle que rien ne peut plus remettre au travail et pour laquelle chacune ressent une impuissance douloureuse. Il ne reste que la sympathie qu'on peut lui prodiguer.

**Rosine**. – Y a Sympathie, peuchère, elle est bien fatiguée. Alors on l'a menée à la Blokova ; – pas Gueule-en-Or, Peau de vache – et Peau de Vache a dit « Il faut lui faire le Meledounk[1] ». On lui a fait le Meledounk, ça lui a rien fait…

Alors on l'a menée à la Blokova. (Pas Peau de Vache, Gueule-en-Or. Gueule-en-Or a dit : « Il faut lui faire le Bâton. » On lui a fait le bâton. Ça lui a rien fait…

Alors on l'a menée à l'aufzehrin. (Pas Bécassine, la Dompteuse.) La Dompteuse a dit : « Il faut lui faire l'œil au Beurre Noir. » On lui a fait l'œil au beurre noir. Ça lui a rien fait…

Alors on a été à l'aufzehrin. (Pas la Dompteuse, Bécassine.) Bécassine a dit : « Il faut lui faire le Revier »…

On l'a traînée au Revier, la pôvre Sympathie. Y avait un grand salsifis[2], assis sur une table : « Il faut lui faire l'Inedienst » qu'il a dit. On lui a fait l'Inedienst. Ça lui a rien fait…

Alors on l'a retournée au Revier. (Pas au salsifis, cette fois, à la Schwester[3] Ericka.) « Il faut lui faire le coup de pied au derrière », qu'elle a dit, dans sa

1. Le Meledounk. Francisation, avec l'accent du Midi, du mot allemand *Meldung* : avertissement transmis à la gardienne-chef qui décidait de la punition.

2. Un grand salsifis. Les médecins SS « examinaient » les malades de loin, assis sur une table, jambes pendantes, pendant que les femmes défilaient nues devant eux.

3. La Schwester Ericka. Une *Schwester*, en allemand, est une infirmière, mot hérité des religieuses, des « sœurs ». Il y avait à Ravensbrück deux ou trois infirmières officielles rattachées à la SS, dont la Schwester Ericka, qui n'hésitait pas à tuer certaines malades d'une piqûre. Il y avait même une *Oberschwester*, une infirmière en chef, nommée Marshall, spécialement brutale, qui présidait aux sélections et désignait celles qui devaient mourir.

langue. On le lui a fait. On lui en a même fait deux…
Ça lui a rien fait…

Alors on l'a menée au SS Man (pas le Hongrois, le Boxeur.) Le Boxeur a dit : « Il faut lui faire les coups de bottes dans le crâne. » On lui a fait les coups de bottes dans le crâne. Ça lui a rien fait.

Alors on l'a menée au SS Man (pas le Boxeur, le Hongrois.) Le Hongrois a dit : « Il faut lui faire le chien féroce démuselé. » On lui a fait le chien féroce démuselé. Ça l'a fait courir un petit coup. Et puis c'est tout…

Alors on a été au commandant. (Pas le Rouquin[1], le Juteux[2].) Le Juteux a dit : « Il faut lui faire le Bounekère[3]. (Le Bounekère ça veut dire qu'on te met dans une cave sans fenêtre où tu restes 4 jours sans soupe, un jour avec soupe, 4 jours sans soupe, et ainsi de suite.) On lui a fait le Bounekère, à la pôvre Sympathie, et ça lui a rien fait… Peut-être même qu'elle était un peu plus fatiguée qu'avant…

Alors on l'a traînée au commandant. (Pas le Juteux, le Rouquin.) Le Rouquin a dit : « Il faut lui faire le Strass-Block. » On lui a fait le Strass-Block. Ça lui a rien fait.

Alors on lui a fait le Bobard (pas le gros, le petit). Le petit a dit : « Il faut lui faire le Débarquement. » On lui a fait le Débarquement. Ça lui a rien fait. Elle en a tant vu, tu penses ! Ça l'a même fait rigoler.

1. Le Rouquin. Le commandant SS du camp, qui était roux : Fritz Suhren.
2. Le Juteux. Argot de caserne pour adjudant.
3. Le Bounekère. Francisation, avec l'accent du Midi, du mot allemand *Bunker*, cachot, bâtiment cellulaire à l'intérieur du camp.

Alors on lui a fait le Bobard (pas le petit, le gros). Le gros a dit : « Il faut lui faire l'Armistice. » On lui à fait l'armistice. Ça lui a enlevé sa fatigue, comme avé la main…

**Lulu de Colmar**. – Moi je n'aime pas les bobards, ça fait trop de mal après.

**Havas**. – Pour les vrais bobardiers, il n'y a pas d'après. En juin on leur dit que Paris est libéré : ils sont contents. En juillet on leur dit, de source sûre, que Paris va être libéré. Ils sont encore contents.

Le texte s'arrête ici, sur les prisonnières qui ne survivent que soutenues par les bobards. Le manuscrit n'est pas daté. Il semble que l'ouvrage n'ait pas été terminé. Trois actes étaient prévus, se terminant par « acte III : Hiver ».

Mais que serait cet hiver 1944-1945, qui commençait si mal, avec l'offensive allemande des Ardennes à l'ouest et la transformation progressive du camp de Ravensbrück en camp d'extermination ?

L'inexorable processus de l'extermination s'accélère : tri des femmes fatiguées, sélection des plus malades, assassinats par piqûre ou poison, asphyxies collectives dans une petite chambre à gaz aménagée dans une ancienne baraque à matériel, à proximité du bâtiment des fours crématoires.

La mère de Germaine Tillion, Émilie Tillion, soixante-neuf ans, fut prise lors de la grande sélection du 2 mars 1945 et gazée le soir même.

# Références musicales

### établies par Nelly Forget[1]

On trouvera ci-dessous les sources musicales auxquelles se réfère le texte de l'« opérette » : des airs à la mode dans les années quarante, et qui relèvent de domaines musicaux variés : opéra, opérette, variétés, chants scouts (et même chants allemands).

Germaine Tillion avait vécu dans un milieu mélomane où elle avait entendu beaucoup de musique. « Mon père était passionné de musique et sans exclusive, de Beethoven aux chansons comiques. Je m'endormais tous les soirs au son de la musique que jouaient mes parents. » Et dans son voisinage – était-ce à Donnemarie ? –, le boulanger déversait ses flonflons à longueur de journée. « J'ai enregistré toutes ces rengaines. » Mais elle a eu aussi recours aux répertoires variés de chacune de ses camarades en particulier de Paulette Don Zimmet, surnommée Bérengère, médecin, et de France Audoul, peintre.

Les indications sommaires données dans le manuscrit « Sur l'air de… » ont permis de reconnaître, avec plus ou moins de précision, une vingtaine de séquences musicales qui sont présentées ci-après. Cinq airs

1. Grâce à l'obligeance de Mme Sablonnière du département de musique de la Bibliothèque nationale de France, de M. Sylvain de la SACEM, et à la contribution de François Marquis.

restent non identifiés : une des marches chantées par les colonnes de travail du Strafblock, block disciplinaire (p. 44-46) ; seule la mémoire des survivantes permettrait d'en retrouver la musique. Quant aux autres (p. 41, 62, 67, 94 et 113), l'incipit et la prosodie du texte pourront aider à identifier la référence musicale[1]. Mais qui sera là pour l'authentifier ?

1. Depuis la première édition, tous les chants ont été effectivement identifiés grâce aux contributions de Mme Sablonnière de la BnF, de M. Sylvain de la SACEM, de Colette Bocher, Françoise Brustlein, Lucie Kayas, Anne-Marie Mabille, Christophe Maudot et Jany Sylvaire-Blouet.

| MANUSCRIT | RÉFÉRENCES |
|---|---|
| Interprètes | Référence musicale |
| Incipit dans *Le Verfügbar aux Enfers* | Œuvre dont est extrait l'air référencé |
| Incipit de la référence musicale | Auteurs, interprètes, dates |

**ACTE I, p. 37**

| | |
|---|---|
| Air de Nénette, puis Lise et Titine puis le chœur *J'avais une grande maison* | Sur la gamme diatonique |

**ACTE I, p. 41**

| | |
|---|---|
| Chœur *Mon papa est venu me chercher* | **Mes parents sont venus me chercher** Auteur-compositeur : François Pruvost Interprètes : Fernandel, Andrex, Jean Cambon… |

**ACTE I, p. 44**

| | |
|---|---|
| Chœur des jeunes Verfügbar *On m'a dit « Il faut résister »* sur l'air de **Sans y penser** | **Sans y penser** Valse Paroles de J.-M. Huard Sur l'air de Gaston Groener Musique de N. Glanzberg Interprètes : Lucienne Delyle, Édith Piaf, Lys Gauty, Gus Viseur… |

**ACTE I, p. 44**

| | |
|---|---|
| Chœur des Vieux Verfügbar *On m'a dit « Il faut résister »* sur un des airs de **Marche du Straf-Block** | Air non identifié |

**ACTE I, p. 48**

| | |
|---|---|
| Chœur *Nous sabotons* sur l'**Air des lampions** | **Air des lampions** (traditionnellement joué par les fanfares lors du défilé « aux lampions » du 14 juillet) |

ACTE I, p. 67
Chœur
*Après six nuits de veille*
Air non précisé

**La Valise**
Chanson paillarde
(refrain : « Elle est en peau
d'vache »).

---

ACTE I, p. 70
Chœur
*Nous ne sommes pas
ce que…*
Air des **Trois Valses**

**Je ne suis pas ce que l'on
pense, je ne suis pas
ce que l'on dit**
*Trois Valses,* acte III,
air d'Irène
Opérette
Musique d'Oscar Strauss
(1870-1954)
Livret de Léopold
Marchand et Albert
Willemetz

---

ACTE I, p. 72
Air de Marguerite
*Dans mon cœur il est
une étoile*
**Chanson triste** de Duparc

**Dans ton cœur dort un
clair de lune**
Mélodie de Duparc
Paroles de Jean Lahor

---

ACTE I, p. 74
Chœur
*Quand on simule et que
sans terreur*

**Quand on conspire sans
terreur…**
*La Fille de Madame
Angot,* acte II : chœur des
Conspirateurs

Opérette
Musique de Charles Lecoq

5

---

ACTE I, p. 77
Ballet des Cartes roses
**Danse macabre**

**Danse macabre**
*Le Carnaval des animaux*
Camille Saint-Saëns

| | |
|---|---|
| ACTE II, p. 90<br>Air de Rosine<br>*Nous avons fait*<br>*un bon voyage* | **Nous avons fait un beau**<br>**voyage**<br>*Ciboulette*<br>acte II, duo Ciboulette,<br>Duparquet<br>Opérette. Musique<br>de Reynaldo Hahn |
| ACTE II, p. 94<br>Chœur<br>*Le matin avant qu'le soleil*<br>Air de la **chicorée Villot** | **Ça vient de la cuisine**<br>J. Audebine, 1932, repris<br>dans la réclame de la<br>chicorée Villot |
| ACTE II, p. 96<br>(*bouche fermée*)<br>Air des **Bateliers**<br>**de la Volga** | **Les Bateliers de la Volga** |
| ACTE III, p. 107<br>Air de Marmotte<br>*J'ai perdu mon Inedienst*<br>sur l'air de **J'ai perdu mon**<br>**Eurydice** | **J'ai perdu mon Eurydice**<br>*Orphée*, acte III<br>Opéra de Gluck |
| ACTE III, p. 111<br>Chœur et french cancan<br>des girls<br>*Et l'on s'en fout* | **Et l'on s'en fout**<br>**d'attraper la vérole…**<br>Chanson populaire<br>d'étudiants en médecine |
| ACTE III, p. 113<br>Air de Lulu<br>*Nous ne sommes pas*<br>*des voleurs* | **La marche**<br>**des cambrioleurs**<br>Musique : R. Berger<br>Paroles : J. Dar |

RÉALISATION : NORD COMPO À VILLENEUVE-D'ASCQ
IMPRESSION : CPI FRANCE
DÉPÔT LÉGAL : OCTOBRE 2007. N° 96518-7 (2025302)
IMPRIMÉ EN FRANCE